KB076304

추천평

발화와 스피킹에 특화된 컨텐츠. 엄마표 생활영어 문장을 나열만 해 놓은 컨텐츠와는 다르다. 같은 생활영어 문장이라도 어떻게 발화를 이끌어낼 수 있는지 구체적인 방법을 알려주는 컨텐츠는 없었다. 앞으로 표현을 접하더라도 아이의 반응을 유도해 가면서 응용할 수 있겠다는 확신이 든다. 왜냐하면 실제로 내가 배운 대로 아이에게 말하니까 아이가 따라 말하고 뿌듯해한다. 좀 더 이해를 잘하고 자기 수준에서 할 수 있는 말을 도전하려고 한다. 놀라운 것은 과학적이고 기술적인 접근으로 엄마가 발화한다는 것만 해도 시중의 엄마표 영어의 한 기준을 뛰어넘은 것이라고 생각하는데, 그 속에 엄마의 마음과 사랑으로 아이 마음을 다치지 않게 맞춰 줄지가 다 녹아 있다는 게 너무 놀랍다. 앞으로도 엄마표 영어가 계속 진화할 거라고 생각한다. 이전과 같지는 않을 것이다. 왜냐하면 내 눈으로 보고 있으니까. 그리고 그 혜택을 누리고 있다는 점에서 감사하다.

–경상북도 포항 복동동

많은 이들이 엄마표를 표방하며 가이드를 제시해 주고 있지만, 이제서야 그 많은 가이드들에는 '엄마'라서 가능한 그 지점에 대한 언급이 없었다는 사실을 깨닫게 되었다. 엄마표 영어 3년차, 결국 나와 아이의 관계가 가장 중요했고 아이와 소통할 수 있는 사람이 되어야 했다는 것을 다시 한 번 깨닫게 되었다. 그리고 그 소통의 언어로서의 영어를 마마몽키님께서 알려주셨고, 아이는 누구보다 자연스럽게 영어를 받아들이게 되었다. 꽤 잘 만들어진 교재, 다양한 활동이 가능한 키트, 아이 생활에 밀접하게 적용 가능한 생활영어 문장이 가득한 책에서는 '기술'만을 배울 수 있다면 마마몽키님은 그 기술들을 아이에게 '어떻게 전할 수 있는지'를 배운다. 그런 '대화의 기술'을 배운다. 아이에게 꼭 해주고 싶은 영어인데 엄마인 내가 잘 못해서 망설이고 있다면, 어떻게 시작해야 할지 잘 모르겠다면, 마마몽키님의 사랑의 기술로 한번 용기를 내보길 바란다.

−경기도 용인 영우맘

찐이라고 생각한다. 진짜를 알아보는 힘. 그리고 그것을 믿는 힘. 이번 챌린지, 클래스를 통해서 생겼고 책으로 채워진다면 완벽해질 듯하다. 연기가 아닌, 해 본 척이 아닌, 본인의 실제 생활에서 이중언어 환경을 만들어 가고 있고 언어 지연이 있던 자신의 아이에게 어떻게 아름답고 진정성 있게 말을 이끌어내셨는지 보였다. 수많은 엄마표 영어의 교재, 정보, 유튜브, 사람들의 홍수 속에서 실속 있는 아이표 영어를 지향하는 진짜가 나타났다. 그리고 그것을 따라 물 흐르듯 아이와 함께 해 볼 생각이다. 믿어 의심치 않다.

−서울시 마포구 가온맘

마마몽키님의 엄마의 영어 대화의 기술은 한마디로 아이와의 진정한 소통이었다! 눈을 맞추고, 아이의 관심사와 행동을 살펴보고 관찰한다. 내 아이를 가장 잘 아는 엄마인 내가 아이와 어떻게 소통할 것인지, 어떻게 말로 몸으로 눈으로 아이와 대화할 수 있는지를 배우는 귀한 시간이었다. 강의를 들으며 엄마로서 놓치고 있던 것들이 많아 울기도 했지만 그 빈 공간에 앞으로 아이와 할 것들을 채워 나가며 위로의 시간이 되었다.

−경기도 의정부 라엘로아맘

당신이 만약 마마몽키의 엄마표 영어를 만났다면, 앞으로 당신의 엄마표 영어는 마마몽키를 알기 전과 후로 나뉠 것이다. 한국식 엄마표 영어는 잊어라! 미국에서 완성된 진정한 엄마표 영어를 만나게 될 것이다. 불가피한 이중언어 환경 속에서 꽃피운 엄마와 아이의 보석. "엄마의 영어 대화의 기술" 지금 바로 시작해 보자.

−강원도 양양 상우맘

둘째가 20개월 무렵부터 유튜브를 보며 영어를 곧잘 따라 하는 모습을 보고 엄마표 영어에 관심이 생기기 시작했다. 엄마표 영어로 유명한 분들의 영어 수준과 그 자녀들의 발화 수준을 보고 부럽기도 하고 내 아이에게 미안한 마음도 들었다. 내가 영어를 잘했더라면 우리 아이도 저렇게 잘할 수 있을 텐데… 엄마표 영어 자료나 교재를 보면 내가 따라 하기에는 너무 벅찬 표현들이어서 아이에게 적용해 보기 힘들었다. 그러다 마마몽키님을 알게 되었고, 마마몽키님의 엄마표 영어 철학과 이론을 보면서 아! 이거다 싶었다. 아이의 발달 단계에 맞게, 준비된 상황 안에서 적용해 볼 수 있는 표현들이어서 나같이 영어를 못하는 엄마들이 자신감을 갖고 아이에게 엄마표 영어를 실천해 볼 수 있다. 엄마표 영어는 교육이 아니라 아이와의 교감과 사랑이라는 마마몽키님의 철학이 오늘도 나와 아이가 눈맞춤을 할 수 있는 소중한 시간을 선물해 주었다.

－경기도 김포 통트롱하트맘

엄마표 영어의 새로운 접근법을 제시해 준 마마몽키 선생님의 수업을 이제 책으로도 만날 수 있게 되었다! 두 아들을 키우며 영어를 즐겁게 시작해 주고 싶어서 엄마표 영어 대화문도 외워서 말해주고 책도 읽어주고 노래도 불러보았다. 하지만 특별히 외워야 하는 것은 어느 순간 부담이 되고 오래 지속되지 못하더라. 이런 과정에서 만나게 된 이 수업은 내게 아이와 영어로 연결되는 순간을 선물해 줬다. 엄마와 놀이하며 엄마가 말해 주는 쉽고 유의미한 표현들이 자연스레 아이에게 전해지고 우리 아이 입에서 그 표현이 즐겁게 터져 나올 때의 그 기쁨! 영어뿐만 아니라 우리말 배우는 아이에게도 강추한다.

－경기도 시흥 허니맘

마마몽키의 엄마표 영어는 그동안 내가 생각해 오던 수준에서의 '엄마표 영어'가 아니었다. 영어 조기교육에 혈안이 된 극성 엄마들이나 하는 것, 혹은 영어를 잘 하는 엄마들이 할 수 있는 것이라고 생각했었다. 그런데 마마몽키 선생님이 말하는 엄마표 영어의 핵심은 단순한 외국어 습득에만 있지 않았다. 타깃 언어인 영어를 가지고 아이와 원활한 '소통'이 이루어지도록 한다. 그래서 아이로 하여금 영어가 공부 꺼리나 과제 따위가 아닌 엄마와의 의사소통을 위한 하나의 자연스러운 소통의 수단으로 체화되니 아이가 전혀 부담스러워하지 않는다. 마마몽키 선생님이 진정으로 원하는 엄마표 영어는 엄마라는 가면을 쓴 '사교육'이 아니다. 공부는 아이가 아니라 엄마가 하는 거다. 그래서 엄마야말로 영어 소통을 위한 양질의 방법을 배워야 하는 것이고, 아이는 그렇게 배워서 준비된 엄마와 즐거운 놀이와 상황들을 통해 영어를 자연스레 듣고 사용하게 되는 것. 이게 바로 내가 깨달아 배운 엄마표 영어이다.

-전라남도 목포 서준맘

아이 셋을 키우면서도 어떻게 접근해야 아이들이 영어를 즐겁게 배울 수 있는지 잘 몰랐다. 내가 학창 시절에 배운 옛날 방식으로 접근을 하니 아이들이 질색을 하더라. 그런데 마마몽키님이 알려주신 대로 조급해 하지 않고 1단계부터 천천히 놀아주면서 한마디씩 하니 신기하게도 아이들 입에서 술술 단어가 나왔다. 사실 처음에는 너무 조급해서 문장으로 알려주고 아이들이 문장 단위로 이야기 했으면 좋겠다고 생각했다. 그러나 마마몽키님이 알려주신 대로 차근차근하면 아이들도 발화하는 건 물론이고 엄마도 공부하면서 같이 성장할 수 있다는 것을 깨달았다! 우연히 알게 된 마마몽키님의 대화의 기술이 나의 전반적인 육아관과 교육관을 통째로 바꿔놓았다. 강력 추천하는 바이다!

-경상북도 경산 키카다맘

엄마표 영어로 영어환경을 만들어주며 즐겁게 영어를 노출하던 중 한 단계 더 도약하고 싶어 "엄마의 영어 대화의 기술" 수업을 들었다. 영어로 아이와 상호작용해 주고 싶지만 영어울렁증이 있거나 어떻게 시작해야 할지 막막한 분들께 훌륭한 가이드가 되어 줄 수업이었다. 영어실력이 있다면 노하우를 배워 아이와의 상호작용에 날개를 달 것이고 영어실력이 부족하다면 단계별 대화법으로 아이와의 상호작용을 점진적으로 늘려 갈 수 있다. 따뜻한 눈맞춤과 즐거운 놀이, 단계적인 대화, 이 모든 것이 녹아 있다. 아이도 엄마도 함께 성장할 수 있는 수업이라 확신한다.

-경기도 의왕 도진맘

사실 아이에게 영어를 가르칠 능력도, 기력도, 여유도 없었다. 또래들은 이미 저만치 가고 있는데 우리 아이는 그대로인 것만 같고⋯ 마마몽키님의 영어 대화의 기술을 접하고 엄마인 나의 태도가 먼저 달라졌다. 내 아이를 관찰하고 그에 맞춰서 그냥 같이 "논다!" 그렇게 놀다 보니 아이의 영어 발화가 늘어난 것을 발견했다! 마마몽키님의 대화의 기술은 아이가 알아듣지도 못하는 완전한 문장으로 시작하지 않는다. 그 부분이 가장 좋다! 엄마도 완벽하지 않은 영어를 아이에게 강요하지도, 바라지도 않는 것! 엄마표 영어라는 단어에 부담이 느껴지시는 분에게 추천한다.

-전라북도 익산 개똥소똥맘

그동안 엄마표 영어 베스트셀러 서적을 구매하는데 투자한 돈과 공부했던 시간이 헛수고였다는 것을 알게 되었다. 알려주는 엄마도 배우는 아이도 영어 레벨이 천차만별인데 나와 맞지 않는 레벨의 영어 문장이 가득한 책을 보며 초보 딱지에서 허우적거렸던 셈이었다. 하지만 영어 대화의 기술은 달랐다! 3단계로 나눠진 대화의 기술로 나의 현 상황과 수준에 맞게 쏙쏙 골라 사용할 수 있는 엄마표 영어이다. 영어뿐만 아니라 아이에게 모국어를 알려주는 데 있어서도 일등공신을 해주고 있어 감탄하며 수강하고 있다.

-경기도 부천 유리한맘

엄마표 영어를 진행하며 말하기 부분은 어떻게 끌어내 주어야 하는지 막막했었는데, 마마몽키님의 사랑을 담은 클래스 101 "엄마의 영어 대화의 기술" 수업을 수강하며 그 모든 고민들이 해결되었다. 워낙 단계마다 친절하게 설명해 주셔서 영.알.못인 내 머릿속에도 쉽게 각인되는 대화 내용이었다. 아이들과 놀이하

며 자연스럽게 들이미는 대화인지라 아이들과 사이도 좋아지고, 무엇보다 마마
몽키님의 특유의 유머가 담긴 시연 덕분에, 아이들이 놀이하며 엄청 깔깔거리
고 좋아했다. 억지로 끄집어내는 식의 발화가 아니라, 단계를 정하고 그 범주 안
에서 아이와 물 흐르듯 자연스럽게 발화를 이끌어낼 수 있다는 점에서 강력 추
천한다. 더불어 영어 감정 측면에서도 아이들과 함께 긍정적인 이미지를 가져갈
수 있어 매우 좋았다. 학습식 영어를 지양하되, 자극적 영상 노출 말고 다른 방
법을 찾는다면 꼭 추천하는 수업이다.

−경기도 안성 탄이담이맘

엄마표 영어를 시작해서 영상 노출을 해주고 영어책도 조금씩 읽어주고 있지만
회화는 입도 뻥긋하기 어려웠다. 그런데 영어도 아이가 우리말 시작할 때 말 걸
어주듯이 한 단어, 두 단어부터 시작해서 아이의 수준에 맞게 어떻게 말해 줘야
하는지 단계별로 알려주시는 마마몽키님의 강의를 들으며 조금씩 아이와 영어
로 이야기하는 시간을 갖고 있다. 아이와 눈을 맞추며 이야기하는 것의 중요성
을 강조하며 바로바로 실전에 투입할 수 있는 방법이 세세하게 나와 있어 영어
를 알지 못하는 엄마도 쉽게 엄마표 영어를 할 수 있는 길잡이가 되어준다.

−경기도 고양 바바마마님

그저 '엄마표 영어'에 머무르지 않는다. 어쩌면 나보다 내 아이를 더 잘 아는 사
람처럼, 그 아이와 진정한 친구가 되는 법을 나에게 알려준다. 마음으로, 언어
로, 영어로… 마마몽키를 좀 더 일찍 알지 못함에 아쉽지만, 지금이라도 그녀를
알게 된 것에 감사한다.

−충청남도 서산 하정미

엄마표 영어에 있어 나의 첫 팬심을 만들어준 마마몽키님. 아이 언어 발화를 단
계별로 접근해야 한다는 것을 경험과 노력으로 열매 맺으신 것을, 엄마들이 잘
소화시킬 수 있도록 불철주야 잠 아끼시며 맛있게 요리까지 해주셔서 감사드린

다. 그 어떤 엄마표 영어에서 보지 못했던 섬세한 표현들, 접근 방법과 노하우들이 집약된 강의로 엄마표 영어에서 단연 탑이신 마마몽키님. 앞으로 마마몽키님만 따라가면 엄마표는 물론 아이의 영어도 걱정 없으니 이 사실을 알게 된 나는 럭키맘이다.

-경기도 분당 하은맘

엄마표 영어를 무에서 유로 바꿔 주신 마마몽키님의 엄마의 영어 대화의 기술을 추천한다. 현재 클래스 101을 통해 수업을 듣고 있다. 언어가 느린 4세 아이에게 적용 중인데 너무나 탁월하다. 단계별, 수준별로 내 아이에게 맞게 적용할 수 있다는 점. 다른 엄마표 영어와의 차별성에 포인트를 둬야 한다. 게다가 일상생활에서 장난감을 가지고 놀 때 아이와의 상호작용이 가장 중요하다고 생각하는데 그것을 적절히 영어로 표현하는 방법을 알려주시니 이보다 더 좋을 수 없다. 엄마표 영어의 가장 좋은 길을 제시해 주시니 누구나 쉽고 즐겁게 아이와 엄마표 영어를 할 수 있을 것이다.

-경기도 용인 경빈맘

평범한 방법으로 엄마와 아이들의 관계를 특별하게 만들어준다. 엄마표 영어를 배우러 왔다가 아이와 엄마의 진정한 의사소통을 배웠다. 내가 엄마라는 것을 잊지 않고 중심을 잡을 수 있도록 해준 멋진 수업이었다. 그래서 아이도 엄마도 웃으며 즐길 수 있는 활동이 될 수 있었다. 아이와 눈을 마주치며 웃으며 실컷 놀고 나면 영어는 그저 덤으로 따라온다. 이것이 바로 엄마표 영어다. 선생님의 수강생이라는 것이 그저 뿌듯하고 행복하다.

-인천시 꿀봉꿀송꿀단지맘

아이와의 영어는 엄마들의 지상과제! 그 방법은 천차만별이고 내 아이에 맞는 방법은 내가 찾아야겠지만 그 가는 길을 여러 가지로 알려주고 조금이라도 시행착오를 줄이길 바라는 선생님의 마음이 고스란히 느껴지는 그런 컨텐츠다. 그만

큼 아이도 엄마의 마음을 그대로 느끼는 영어를 하게 되는 것 같아 갈수록 더 믿음이 간다.

-서울시 서초구 hsunny

학교 다닐 때 영포자였다. 뒤늦게 영어 공부를 조금 했지만 학교 다니는 시간이 고역이었다. 우리 딸은 다르길 바라는 마음으로 영어를 일상생활에서 노출시켜 주고 싶었는데 방법을 몰라서 시작했다. 아이가 한 단어로 얘기하는데 나는 문장으로만 얘기할 생각으로 어렵다며 울상이었는데 마마몽키 선생님을 만나고 깨달았다. 영어도 나이별로 수준별로 단계가 있다는 것, 모국어인 우리말처럼 단어부터 시작해서 확장해 가면 된다는 것. 내 의식이 바뀌니 부담감도 덜어지고 한 발짝 조금 내디딜 용기가 생겼다. 요즘 아이랑 조금씩 단어로 얘기하고 있다. 아이랑 영어로 대화하는 것이 꿈이다. 정말 좋은 수업이고 이 수업을 더 많은 사람이 들었으면 좋겠다. 또한 나처럼 꿈꾸는 사람이 더 많아졌으면 좋겠다.

-부산 조미정

엄마의 영어
대화의 기술

엄마의 영어 대화의 기술

초판 1쇄 인쇄 ㅣ 2022년 07월 07일
초판 1쇄 발행 ㅣ 2022년 07월 15일

지은이 ㅣ 마마몽키(오선행)
원어민 검수 ㅣ Sandy Kim
펴낸이 ㅣ 최화숙
편집인 ㅣ 유창언
펴낸곳 ㅣ **아마존북스**

등록번호 ㅣ 제1994-000059호
출판등록 ㅣ 1994. 06. 09

주소 ㅣ 서울시 마포구 성미산로2길 33(서교동), 202호
전화 ㅣ 02)335-7353~4
팩스 ㅣ 02)325-4305
이메일 ㅣ pub95@hanmail.net ㅣ pub95@naver.com

영어교육전문가 엄마의
전략적이고 체계적인 엄마표 영어

엄마의 영어
대화의 기술

마마몽키 **지음**

아마존북스

TO ZOEy AND LORI

엄마의 말로
아이의 꽃을 피우다

프롤로그

유난히 눈이 많이 내렸던 2016년 겨울, 업스테이트 뉴욕(Upstate New York). 이른 아침, 큰아이를 유아용 의자에 앉혀 놓았다.

"꽈당!"

아이에게 오트밀 죽을 건네주고 돌아서다 그만 발이 꼬여 넘어지고 말았다. 그 순간, 팔과 무릎의 통증을 잊을 만큼 내 시선을 사로잡은 아이의 모습이 보였다. 아이는 바닥에 주저앉은 나를 쳐다보지 않았다. 마치 내가 그곳에 없는 것처럼. 바로 눈앞에서 일어난 일임에도 불구하고 아이는 나에게 단 한 번도 눈길을 주지 않았다. 그날 이후, 나는 아이 앞에서 일부러 넘어지는 일이 잦아졌다. 조심스럽게 다가가 등 뒤에서 아이의 이름을 불러보기도 했다. 하지만 아이는 좀처럼 나를 쳐다보지 않았다.

'아…, 언제부터였을까?'

평소 아이는 나를 보고 "엄마"라고 부르지 않았다. 다가와 안기지도 않았고, 내게 보여주기 위해 뭔가를 가져오는 일도 없었다. 불편한 상황에서도 좀처럼 울지 않는 순한 아이, 조용히 혼자 놀기를 좋아하는 내향적인 아이라고, 그저 그렇게만 생각했다. 그날 아침 작은 사건을 계기로 아이의 발달에 적신호가 켜졌다는 것을 직감하기 전까지는. 결국 아이는 18개월 영유아 발달 검사를 통해 심각한 언어발달 지연(Severe Language Delay) 판정을 받았다. 수용언어와 표현언어 모두 심각하게 지연된 상태라는 결과를 듣고 나는 한동안 마음을 추스를 수 없었다. 하지만 아이가 하루라도 빨리 도움을 받도록 하는 것이 엄마인 내 역할이었다.

두 달 후, 지방정부(county)에서 제공하는 조기개입 프로그램(Early Intervention Program)을 통해 아이는 언어치료(Speech Therapy)를 시작했다. 언어치료는 영어로 진행되었다. 평소 나는 아이에게 우리말로 말을 걸었다. 하지만 심각한 언어발달 지연과 이중언어 노출 환경으로 인해 아이의 언어발달이 더는 지체되지 않기를 바랐다. 앞으로 미국에서 영어를 제1언어로 사용하는 사람들과 어울려 살아야 할 아이다. 그 어떤 언어라도 좋으니 아이와 눈을 맞추고 말로 소통하고 싶었다. 상호작용이 약하고 자발적으로 발화를 하지 않는 내 아이. 그 누구도 예

후를 예측할 수 없기에 엄마로서 결단을 내려야 했다. 결국 나는 모든 생활 언어를 영어로 통일해 버렸다. 불가피한 상황 속에서 시작한 엄마표 영어였다.

아이의 말문이 트일 수 있다면 그 어떤 방법이라도 수용할 뜻이 있었다. 나는 내가 할 수 있는 한 최선을 다했다. 2년 가까이 아이의 언어치료 세션에 참관해 치료 세션에서 배운 전략과 방법, 언어 표현들을 꼼꼼히 기록했다. 언어치료사들이 어떻게 아이의 발화를 유도하고 언어를 확장할 수 있도록 돕는지 배웠다. 그것으로도 채워지지 않는 갈증은 언어치료 관련 서적과 영상 자료를 찾아보며 더 구체적인 방법을 습득하는 것으로 해결했다. 부지런히 내 아이의 뒤를 따라다녀야 했다. 밥을 먹고, 옷을 갈아입고, 장난감 놀이를 하는 평범한 일상 속에서, 내 아이에게 알맞은 언어 자극을 주기 위해 눈물겨운 노력을 했다.

노력하는 과정에서 시행착오는 불가피한 것이었다. 계획한 대로 잘 진행되는 날도 있었지만, 아이가 쉽게 협조하지 않는 날이면 좌절감이 몰려왔다. 후자 쪽에 가까운 날이 더 많았다. 답답한 상황을 견디지 못할 때면 다 내려놓고 싶은 마음이 들었다. 하지만 그만둘 수가 없었다. 어떻게든 아이에게 도움이 되고 싶었다. 내 아이에게 주어진 소중한 시간을 단 1초라도 헛되이 흘려보내고 싶지 않았다. 내 아이를 위한 일이다. 더 무슨 이유가 필요할까? 엄마는 어떠한 순간에도 자식을 포기하지 않는다. 잠시 숨 고르기를 할 뿐. 주어진 상황 안에서 최선을 다하는 것이 엄마가 해내야 할 역할이다.

늦된 아이의 성장 과정을 지켜보는 일은 놀라움과 감동의 연속이었다. 경험해본 엄마들만이 아는, 세상을 다 가진 듯한 기쁨이 있다. 아이는 만 세 살이 다 되어서야 나를 "엄마"라고 부를 수 있었다. 아이가 내 눈을 바라보며 나를 "엄마"라고 불러줬던 그날의 감동을 아직도 잊을 수가 없다. 아이는 지난 몇 년간 눈부신 성장과 발전을 이뤄냈다. 아이의 끊임없는 노력, 엄마의 시행착오와 깨달음, 전문가 선생님들의 관심과 도움이 있었기에 가능했다. 비록 눈에 보이지는 않지만 아이는 매일 성장한다. 내가 글을 쓰고 있는 이 순간에도 아이는 발전하고 있다. 분명 자신만의 속도로 꽃을 피우는 중이다.

오직 내 아이만 바라보며 보낸 지난 5년이라는 시간. 마음에 작은 평화가 찾아오고 주변을 둘러볼 여유가 생길 때쯤, 대한민국 엄마표 영어 커뮤니티가 있다는 사실을 알게 되었다. 자녀교육에 열성적인 젊은 대한민국 엄마들이, 영어 원서를 읽어주고 영어 영상을 보여주는 방식으로 아이를 위해 영어 노출 환경을 만들어주고 있었다. 아이들이 더 넓은 세상으로 나아가 다양한 사람들과 교류하며, 영어로 자유롭게 생각을 표현할 수 있도록 엄마들이 배우고 노력하고 있었다. 배움의 열정으로 가득 찬 그 엄마들에게서 지난날의 내 모습을 발견할 수 있었다. 나 역시 내 아이가 생각을 말로 표현할 줄 알기를 바랐다. 자기 세계에 자신을 가두지 않고 타인과 의미 있는 소통을 통해 기쁨을 찾고 평범하게 살기를 간절히 바랐다. 그러한 절실한 마음으로 배우고 노력했던 엄마표 영어였다.

그동안 다양한 엄마표 영어 방법들이 소개되어왔다. 더는 새로울 것이 없어 보인다. 하지만 영어교육자 엄마의 시각에서 바라본 언어치료 접근 방법은 특별했다. 언어발달 지연과 장애가 있는 무발화 아동의 발화를 끌어내기 위해 고안된 전략적이고 검증된 방법들. 내 눈에는 이것들이 기존에 없는 새로운 엄마표 영어 방법으로 보였다. 지난날 경험에서 나온 나의 스토리, 그동안 쌓아온 지식을 담은 이 책을 통해 독자들에게 새로운 엄마표 영어 접근 방법을 소개하고 싶었다.

나는 소아 발달 전문의가 아니다.
나는 언어치료사도 아니다.
오직 내 아이와 진정으로 소통하기 위해 배우고 노력했던 엄마의 자격으로 이 책을 썼다.

『엄마의 영어 대화의 기술』

이 책에는 방법과 전략을 다루는 대화의 기술이 있다. 상황별, 단계별 영어 표현도 있다. 그리고 무엇보다도 가장 중요한 엄마. 오직 엄마이기 때문에 가능한 것들에 관한 이야기가 있다. 엄마가 충분히 해 낼 수 있는 지점을 찾아 대화의 기술을 장착하여 엄마표 영어를 지속 할 수 있도록 도움을 주는 책이다.

　-눈맞춤과 상호작용을 중요하게 생각하는 엄마
　-아이와 소통하는 방법을 배우고 싶은 엄마
　-모국어 방식의 영어 습득 환경을 만들어주고 싶은 엄마

나와 같은 엄마들을 생각하며 실질적인 가이드가 되었으면 좋겠다 는 마음으로 진정성 있게 써 내려갔다.

2022년 봄 미국 세인트루이스에서
오선행(마마몽키)

Contents

Chapter 1   소통하는 엄마가 되기 위해 알아야 할 것들

Chapter 2   언어발달을 돕는 엄마의 6가지 대화법

소통하는 엄마가
되기 위해
알아야 할 것들

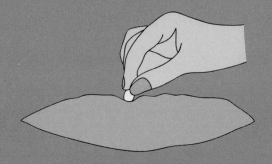

주고받지 못했던 것

쥐 죽은 듯이 조용한 미국 업스테이트 뉴욕 시골 마을에 살면서 나는 시간 대부분을 홀로 아이를 돌보며 지냈다. 남편의 잦은 출장. 아는 사람 하나 없는 외로운 타국 생활. 이 세상에 아이와 나만 덩그러니 남겨진 것 같은 기분이 들었다. 게다가 둘째 임신으로 인해 몸도 점점 무거워졌고 호르몬 변화로 감정 기복도 심했다. 바라만 봐도 행복한 존재를 옆에 두고도 나는 외로움과 무기력함에 빠졌다. 아이의 성장과 발전에 관심을 기울이기보다는 내 몸 상태, 내 기분을 먼저 생각했다. 자연스레 아이는 미디어에 자주 노출될 수밖에 없었다. 불안한 심리상태에 있는 엄마와 함께, 집으로 찾아오는 이가 많지 않은 고립된 환경 속에 살면서 아이는 사람과의 의미 있는 상호작용을 충분히 경험하지 못한 채 자랐다.

어느 날 오후, 갑자기 졸음이 쏟아져 소파에 기대 깜빡 잠이 들었다. 얼마나 잔 걸까? 깨어보니 3시간을 내리 잤다. 한데 주변에 있어야 할 아이가 보이지 않았다. 미친 듯이 아이를 찾아다니다 놀이방 작은 텐트 안에서 아이를 발견할 수 있었다. 내가 깊이 잠든 3시간 동안 아이는 조용히 혼자 놀고 있었다. 나를 단 한 번도 깨우지 않은 채 말이다. 참 순하고 착한 아이라고 생각했다. 그런 아이가 너무 신기하고 기특해서 그 모습을 사진으로 남겼다. 그리고 가족들과 친구들에게 자랑하듯 말했다.

"있잖아, 우리 아이는 나를 전혀 귀찮게 하지 않아. 나는 세상에서 육아가 제일 쉬워."

엄마를 귀찮게 하지 않는 아이, 혼자서도 잘 노는 아이, 순한 아이를 키우는 운이 좋은 엄마라고 생각했다. 나는 조용히 혼자 노는 아이를 지켜볼 뿐이었다. 졸리면 재우고 배가 고프면 밥을 줬다. 그저 낳아 놓기만 하면 저절로 알아서 크는 줄 알았다. 아이와 내가 물리적으로 같은 공간 안에 있으니 상호작용을 하고 있다는 착각에 빠져 있었다. 그때는 알지 못했다. 본질적으로 육아는 절대 쉬우면 안 되는 것이었다.

언어와 올바른 사회성을 형성해야 하는 결정적인 시기, 아이에게는 다양한 상호작용의 경험이 무엇보다도 중요하다. 상호작용의 경험을 기초로 아이는 말을 배우고, 다양한 사람들과 관계를 맺으며 성장하기 때문이다. 따라서 엄마는 대화와 반응을 통해 아이에게 바람직한 상호작용의 모델이 되어야 한다. 아이에게 먼저 다가가 몸을 낮추고 눈을 맞춰야 한다. 아이의 행동과 말에 즉각적으로 반응해야 한다. 함께 보고 있는 것, 느끼고 생각하는 것을 표정과 몸짓, 엄마의 따뜻한 목소리로 전달해야 한다. 그러면 아이는 엄마에게 사랑을 듬뿍 담은 눈빛과 미소로 반응해줄 것이다. 아직 입이 여물지 못해 말을 제대로 할 수 없는 어린아이라 할지라도. 상호작용이란 그런 것이다. 참으로 어리석고 무지한 엄마였던 나는 안타깝게도 내 아이와 의미 있는 상호작용을 충분히 주고받지 못했다.

"If I could turn back time, I'll never make the same mistakes."
"내가 만약 시간을 되돌릴 수만 있다면,
절대 같은 실수를 반복하지 않을 것이다."

당연하게 여기는 것

"엄마!"

아이가 엄마를 부른다. 보석처럼 반짝이는 눈으로 엄마와 눈을 맞추려고 한다.

"이거 봐!"

아이는 엄마에게 알려주고 싶은 것, 보여주고 싶은 것에 관해 이야기한다. 아이는 끊임없이 다가와 엄마와 눈을 맞추려고 한다. 왜일까? 자신의 관심을 공유하며 엄마와 소통하고 싶기 때문이다. 그 작고 예쁜 눈에 엄마의 모습, 엄마와의 추억을 담고 싶기 때문이다.

그러나 종종 엄마는 아이와 눈을 맞추지 못한다. 바쁘다. 늘 피곤

하다. 직장에서 일을 마친 후 고단한 몸을 이끌고 집으로 돌아온다. 산더미 같은 집안일을 서둘러 마쳐야 하고, 잠시라도 나만의 시간을 갖고 싶다. 사정이 이렇다 보니 눈을 맞추는 대신 아이에게 등을 보이거나 옆모습을 보인다. 개수대에 쌓인 설거짓거리, 업무용 랩탑, 스마트폰 화면이 아이에게서 엄마의 눈을 빼앗아 간다.

눈에 넣어도 아프지 않을 사랑하는 내 아이. 행여나 잘못될까 조심조심 온 정성을 쏟아 꼬박 열 달을 품었다. 나와 한 몸이 되어 함께 지낸 귀한 아이다. 엄마에게 아이는 기적같이 찾아온 선물 같은 존재. 그 아이가 어느새 자라 엄마에게 다가와 눈을 맞추고 나를 엄마라고 부르고 대화를 나눈다. 참으로 큰 행복이고 축복이 아닐 수 없다. 그러나 아이의 눈맞춤은 너무나 익숙하고 당연하기에 엄마는 감사한 일인 줄 모르고 살아간다. 잃어버린 것, 결핍된 것, 간절하게 원하는 것의 소중함을 깨닫기 전까지.

큰아이는 눈맞춤이 어려운 아이였다. 눈을 맞추지 못하니 아이와 의미 있는 상호작용을 제대로 주고받을 수 없었다. 당연히 말도 느릴 수밖에 없었다. 나와 시선을 맞추지 않는 아이를 보며 늘 마음이 무겁고 답답했다. 아이를 붙잡고 달래보기도 하고 때로는 다그치며 울기도 했다.

"엄마 눈을 봐… 제발."

나는 아이와 눈을 맞추며 소통하고 싶었다. 하지만 쉽지 않았다.

아이와 눈을 맞추는 일이 이리도 어려웠던가? 내 아이와 눈을 맞추는 일은 언제나 큰 인내와 끈기가 있어야만 가능한 일이었다. 어떤 엄마에게는 특별한 노력 없이 쉽게 얻을 수 있는 것을 나는 부단히 애를 써서 얻어야만 했다.

시간이 흐르면서 적절한 노력과 치료를 통해 아이는 서서히 나와 눈을 맞추기 시작했다. 눈맞춤이 시작되고 아이가 조금씩 말을 배우더니 간단한 소통도 가능해졌다. 기뻤다. 세상을 다 얻은 것만 같았다. 아이가 보여주는 작은 소통의 의지. 그 귀한 눈맞춤. 아이와 시선을 마주하는 매 순간이 나에게는 너무나 소중했다. 눈을 맞출 때마다 아이를 향해 환하게 웃어줬다. 단 몇 초라도 더 눈맞춤을 유지하기 위해 나는 아이의 얼굴을 쓰다듬으며 칭찬해줬다. 나의 눈맞춤은 간섭과 통제의 눈맞춤이 아니었다. 그것은 아이를 향한 대견함, 감사함, 사랑이 가득한 눈맞춤이었다.

바쁜 일상 속에서 아이와 매번 눈맞춤하는 일은 말처럼 쉽지 않다. 하지만 하던 일을 잠시 멈추고 아이와 눈을 맞추는 여유를 가져야 한다. 아이와 내가 서로를 바라보며 즐겁게 소통할 수 있다는 것은 참으로 감사한 경험이다. 이러한 평범한 일상들이 얼마나 소중한지 깨닫고 있다면, 내가 지금 누리고 있는 것들이 결코 당연한 것이 아님을 알고 있다면, 다른 쪽으로 눈을 돌려 아이와의 소중한 눈맞춤의 순간을 놓치지 않기를 바란다.

03

박탈해서는 안 되는 것

"Do not handicap your children by making their lives easy."

"아이들의 삶을 편안하게 해줌으로써

그들을 불구로 만들지 마십시오."

Robert A. Heinlein

아이의 언어치료 세션이 있던 어느 눈부신 봄날, 집으로 방문한 치료사 선생님의 손에 작은 플라스틱 통 하나가 들려 있었다. 선생님은 바닥에 앉아 말없이 플라스틱 통 뚜껑을 열었다. 그러고는 재킷 주머니에서 엄지손가락만 한 크기의 작은 플라스틱 곰 인형을 꺼내더니 이

내 통 안으로 집어넣었다. 뚜껑을 닫자마자 선생님은 신나게 통을 흔들기 시작했다.

"딸가닥, 딸가닥, 딸가닥"

아이는 즉시 통에 관심을 보였다. 그러자 선생님은 흔들던 통을 재빨리 자신의 눈 옆에 두었다. 아이와 눈맞춤 성공. 선생님은 시선을 맞춘 아이에게 통을 건네주었다. 아이는 플라스틱 곰 인형을 꺼내기 위해 통 뚜껑을 스스로 열려고 했다. 하지만 두 살배기 아이에겐 어려운 일이었다. 툭! 아이는 말없이 선생님을 향해 통을 던졌다. 그러자 선생님은 마치 기다렸다는 듯이 자세를 낮춰 아이와 한 번 더 눈을 맞춘 후 다음과 같이 말했다.

"Open?"
열까?

아이는 별다른 반응이 없었다. 선생님은 아이를 자신의 무릎에 앉히더니 아이의 손을 부드럽게 이끌며 함께 뚜껑을 열었다. 그 과정에서 선생님은 아이 귓가에 속삭이듯 말했다. 여러 번 반복해서.

"Open, open, open, open…"
"열자, 열자, 열자, 열자…"

딸깍! 마침내 뚜껑이 열렸다. 그러자 선생님은 밝은 표정과 함께 큰 목소리로 아이를 향해 외쳤다.

"OPEN!"
"열었다!"

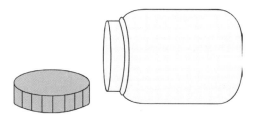

언어치료사 선생님은 말을 하지 못하는 내 아이와 어떻게 소통해야 하는지, 말은 어떻게 가르쳐야 하는지 내게 명확하게 보여주었다. 겉으로 보기에 특별할 것이 없는 단순한 뚜껑 열기 활동이다. 하지만 그 활동 안에는 내가 미처 생각지도 못한 중요한 인사이트가 가득했다.

－소통할 상황을 일부러 만드는 것.

－소통하려면 항상 아이와 눈을 맞춰야 하는 것.

－아이의 언어발달 수준에 맞는 적절한 언어를 제공하는 것.

－반복과 모델링을 통해 아이에게 말을 가르치는 것.

－아이가 자신의 요구를 말로 혹은 행동으로 표현할 기회를 빼앗지 않는 것.

나는 눈치가 빠른 엄마였다. 무릎이 닿기도 전에 아이가 필요한 것을 알아챘다. 그리고 바로 문제를 해결해 주는 엄마였다. 아이가 원하는 것을 얻을 수 있도록 재빨리 닫혀 있는 병뚜껑을 친절하게 열어주는 엄마였다. 아이가 원하는 것이 무엇인지 살피거나 아이가 반응할 때까지 충분히 기다려주지 못했다. 나는 아이가 스스로 경험해 볼 기회, 실수할 기회, 배울 기회, 말로 표현할 기회를 차단한 채 모든 것을 대신해줬다. 아이의 언어발달에 있어 치명적인 실수를 저지르고 있다는 사실도 모른 채. 결국 내게 돌아온 것은 아이의 심각한 언어발달 지연 문제였다.

아이에게 감당할 수 있는 만큼의 시련을 줘야 했다. 아이가 좌절과 불편함을 겪는 과정에서 자기 생각과 요구를 어떤 방식으로라도 표현할 수 있도록 기회를 줘야 했다. 아이가 느끼는 불편함을 견디지 못해 엄마가 만능 해결사가 되면 안 되는 거였다. 아이의 요구를 짐작하여 하나부터 열까지 필요한 것들을 쉽게 내주면 안 되는 거였다. 아이에게서 소통하려는 의지와 자기 생각을 표현할 기회를 박탈해 버리면 안

되는 거였다.

"We should not deprive our child of an opportunity
to express his or her thoughts and feelings."

"아이가 자신의 생각과 감정을 표현할 기회를
빼앗지 말아야 한다."

04

줄여야할것

"어머니, 질문을 당장 줄이세요."

어느 날, 중년의 이탈리아계 미국인 언어치료사 선생님이 내게 말했다.

질문을 줄이라니. 나는 곧바로 반문했다.

"선생님, 질문하지 않고 어떻게 아이와 소통을 하나요?"

선생님은 미소를 지으며 차분한 목소리로 말을 이어갔다.

"엄마의 언어 자극은 질문보다는 코멘트로 채워야 해요."

선생님은 바닥에 놓인 파란색 장난감 자동차를 가리키며 말했다. "What's this(이게 뭐야)?" "What color is it(그건 무슨 색이야)?"라고 아이에게 묻는 대신, "A car(자동차)!" "There is a car(자동차가 있네)." "It is a blue car(파란색 자동차야)."와 같이 코멘트*를 통해 그 상황에 맞는 적절한 언어 모델을 제시해 줘야 한다고 했다. 생각지도 못한 인사이트였다.

엄마들은 아이에게 자주 질문을 한다. 궁금한 것이 많다. 늘 확인하고 싶은 마음이 한가득하다. 아이가 사물의 이름은 올바르게 알고 있는지, 사물의 위치를 정확히 가리킬 수 있는지, 색깔과 모양을 제대로 구별할 수 있는지 알고 싶어 한다. 그래서 엄마는 아이가 개념을 이해하고 있는지 알아보기 위해 질문을 던진다. 언제나 같은 질문을 반복한다. 나도 그랬다.

What is this?	이게 뭐야?
What is that?	저게 뭐야?
Where is it?	그건 어딨니?
What color is it?	그건 무슨 색이니?
What shape is it?	그건 무슨 모양이지?

잠시 생각해 보았다. 엄마들이 이토록 아이들에게 질문을 많이 하

※ 코멘트란 함께 경험하고 있는 상황을 아이가 이해할 수 있는 말로 쉽게 풀어주는 것을 뜻한다.

는 이유는 뭘까? 질문하기를 좋아해서가 아닐 것이다. 딱히 위와 같은 질문 외에 무슨 말을 어떻게 해야 할지 모르기 때문이다. 나 역시 아이에게 질문을 던지고 답을 유도하는 것이 주된 소통 방식이며, 아이에게 언어 자극을 줄 수 있는 좋은 방법이라고 생각했었다. 그 외에 다른 방법을 잘 알지 못했다.

"질문을 줄이고 코멘트를 늘리세요."

나는 치료사 선생님 조언대로 질문을 줄이고 아이에게 단순한 말로 코멘트해 보기로 했다. 코멘트거리를 찾다 보니 자연스럽게 아이가 현재 무엇에 관심을 두고 있는지, 어디를 보고 있는지, 무엇을 만지고 있는지, 무슨 생각을 하는지 유심히 살피게 되었다. 질문을 줄였더니 아이에게 더는 궁금한 것이 없었다. 아이가 반응하지 않거나 내 말을 따라 하지 않아도 크게 신경 쓰이지 않았다. 그저 아이의 눈과 손가락 끝이 이끄는 대로 따라다니며 엄마의 언어 자극을 부지런히 코멘트로 채웠다.

1년 반 가까이 아이의 눈과 귀와 입이 되어주었다. 그림자처럼 아이 뒤를 따라다니며 아이가 보고 듣고 느끼는 모든 것들을 말로 대신해줬다. 시작은 한두 단어의 짧고 단순한 말로 이루어진 언어 자극이었다. 아이가 말 인형을 집으면 "Horse!", 아이의 손에 차가운 물이 닿을 땐 "Cold!"라고 말해줬다. 말이 말인 걸 아는지, 물이 차갑고 뜨거운 정도를 구분하는지, 질문을 통해 확인할 필요가 전혀 없었다. 오직 아이와 내가 함께 경험하고 있는 상황, 그 상황을 인지하는 바로 그 순간, 핵심적인 한 단어의 말을 던질 수 있는 적절한 타이밍, 나는 오직 그 타이밍에 집중했다.

기질적인 이유로 언어발달이 느리고 언어 자극을 충분히 받지 못한 환경 때문에 아직 말로 소통하지 못하는 아이다. 선생님은 그런 아이에게 질문을 쏟아내지 말라고 하셨다. 질문은 필요할 때만 최소한으로 해야 한다고 했다. 질문을 줄이는 대신, 엄마는 일상생활 속에서 아이가 보고 있는 것, 만지고 있는 것, 느끼고 생각하고 있는 것을 코멘트하기, 즉 아이가 쉽게 이해할 수 있는 말로 풀어줘야 한다고 강조했다.

하얀 종이에 채워야 할 것

"Twinkle, twinkle, little star…"
반짝반짝, 작은 별…

계절이 겨울로 접어들던 어느 날 오후, 나는 부엌에서 설거지를 하고 있었다.

"Twinkle, twinkle, little star…(반짝반짝, 작은 별…)" 아이가 텔레비전에서 흘러나오는 동요를 흥얼거리며 따라 부르기 시작했다. 그 순간, 나도 모르게 흥분한 나머지 끼고 있던 고무장갑을 벗어 던지고 곧장 아이에게 달려갔다. 나는 아이와 눈을 맞추고 손을 맞잡고 신나게

춤을 추며 노래를 불렀다. 그토록 간절히 바라고 기다리던 일. 땅속 깊이 잠들어 있던 작은 씨앗이 맨땅을 뚫고 나와 싹을 틔운 순간. 두 돌 반 되던 해의 어느 날, 아이가 처음으로 음성모방을 시작한 날이었다.

아이와 한바탕 신나게 놀고 난 후 다시 부엌 개수대로 돌아와 보니 바닥에 세제 묻은 고무장갑 한 짝이 놓여 있었다. 나도 모르게 피식 웃음이 나왔다. 손에 끼고 있던 고무장갑을 바닥에 내팽개칠 만큼 내게 큰 사건이었다. 그날의 감동과 기쁨을 오래오래 기억하기 위해 그 모습을 사진으로 남겼다. 아이의 짧은 노래 한마디에 나는 반가웠고, 기뻤고, 행복했다. 나는 아이가 이룬 작은 성취에도 크게 기뻐할 줄 아는 엄마가 되어 있었다.

늦된 아이를 키우고 있다. 나는 내 아이가 남들보다 조금 늦된다고 해서 크게 걱정하지 않는다. 내 아이는 천천히 자신만의 속도로 꽃을 피우고 있다는 것을 알기 때문이다. 나는 일찌감치 아이에 대한 집착과 욕심을 버렸다. 버려야만 아이의 있는 모습 그대로를 존중하고 사랑할 수 있을 것 같았다. 그것들을 버려야 진짜 내 아이의 모습이 보인다. 스스로 작은 성취를 하나씩 이뤄내며 성장하는 내 아이의 모습이 보인다. 밥을 한 톨도 남기지 않고 그릇을 깨끗이 비우는 아이. 고사리손으로 연필을 잡고 엄마의 얼굴을 그리는 아이. 이름을 불렀을 때 나와 눈을 맞추고 웃어주는 아이. 크고 거창한 것이 아니다. 아이의 모든 모습을 사랑하고 지지해 주고 싶은 엄마, 작고 소박한 것에서 행복을 느끼는 아이 엄마로 살아가고 있다.

앞서 가고 있는 다른 집 아이와 내 아이를 비교하지 않아야 한다.

남보다 더 빨리 시작해서 더 열심히 달려야 남들과의 경쟁에서 이길 수 있다고 생각하기 시작하면 엄마의 마음은 점점 불안하고 조급해진다. 그런 엄마의 성향이 아이에게 그대로 전이되어 아이의 하얗고 맑은 백지를 조급함과 불안함으로 채우고 있는 것은 아닌지 돌아봐야 한다. 나도 모르게 조급함이 엄습해 온다면 마음의 브레이크가 필요하다. 당장 눈에 보이는 결과만을 쫓다 보면 중요한 것을 놓치게 된다. 아이와 함께 하는 행복하고 즐거운 시간이 모두 무의미해 보인다.

My one and only.

이 세상에 단 하나뿐인 나의 소중하고 유일한 존재. 나에게 찾아온 특별한 아이. 내 눈에 가장 아름다운 존재. 그런 귀한 내 아이와 함께 하루를 즐거운 추억으로 채우는 것, 사소한 것에서 행복을 찾는 것, 엄마는 이런 것들에 집중할 수 있어야 한다. 아이의 하얗고 맑은 종이를 엄마의 따뜻한 눈빛, 미소, 칭찬, 행복한 경험들, 사랑의 말로 채워야 한다.

"아이들은 백지와 같은 상태로 태어나
주변 환경과의 상호작용을 통해 영향을 받으며
백지에 자신만의 색깔을 채워가면서 성숙한 인간으로 자란다."

존 로크의 '백지설(Tabula Rasa)'

잃지 말아야 할 것

"떼구르르."

따뜻한 봄 햇살이 마당을 비추던 어느 날 오후, 나는 공을 멀리 굴려 보냈다. 그리고 손가락으로 굴러간 공을 가리켰다. 이어서 가져오라는 몸짓을 보냈다. 동시에 나는 아이와 눈을 맞춘 후 천천히 또박또박 말했다.

"Get it!"

"가져오렴!"

깔끔하다. 이보다 더 쉽고 단순할 수 없다. 확실한 맥락 속 이해 가능한 언어 자극이다. 게다가 적절한 몸짓까지 더해지니 아이는 내 말을 이해하고 공을 잡으러 달려갔다. 아이는 공을 가져와 내게 건넸다. 나는 공을 건네는 아이의 작은 손 위에 내 손을 살포시 올려놓았다. 그리고 눈맞춤을 유지한 채 아이에게 다시 천천히 또박또박 말했다.

"A ball. A red ball."
"공이야. 빨간 공."

눈맞춤. 함께 공을 맞잡은 손. 나와 아이는 함께 보고 있는 것, 만지고 있는 것을 공유했다. 갑자기 아이가 천천히 입술을 움직인다. 이것이 무엇인지 묻지도 않았고 따라 해 보라고 시키지도 않았는데 아이가 자발적으로 말을 했다.

"B…all."
"고…옹."

엄마의 눈빛으로, 엄마의 몸짓으로, 엄마의 목소리로 아이에게 말을 건넸고 아이는 반응했다. 내 말을 알아듣고 공을 가져왔다. 그 작고 사랑스러운 입을 움직여 "Ball"이라고 말했다. 얼마나 대견한가. "Ball" 한마디에 내 가슴은 벅차올랐다. 엄마의 시선으로 아이를 바라보았다. 가까이 다가가 힘껏 안아주었다. 그리고 진정성을 듬뿍 담아 말했다.

"You did it!"
"네가 해냈어!"

어느새 나는 내 아이와 소통하는 방법을 점점 깨우쳐 가고 있었다. 남들이 보기에는 평범해 보이는 일이겠지만 내게는 참으로 소중하고 의미 있는 상호작용, 귀한 소통의 순간이었다. 일상 속 작은 소통의 힘은 이토록 위대하다. 엄마의 작은 노력, 그 순간들이 쌓여 아이를 성장시키고 변화시킨다. 작은 씨앗 한 알이 엄마가 주는 따뜻한 사랑과 관심을 듬뿍 받아 스스로 땅을 뚫고 나와 싹을 틔우고 자라 어여쁜 꽃으로 활짝 피어난다. 오직 엄마만이 할 수 있는 일이다.

평가하지 말고 남과 비교하지도 말자. 아이 있는 그대로를 사랑하고 지지해 주자. 진정성을 담아 소통하려는 아이의 노력을 칭찬해 주자. 그것이 설령 작고 사소한 일일지라도. 조금 어설퍼 보이고 엉뚱한 소리를 한다 해도 사랑의 눈빛으로 다정한 말로 아이의 부족함마저도 보듬어야 한다. 앞으로 더 많이 의미 있는 상호작용을 주고받을 수 있도록 엄마는 사랑과 관심으로 아이를 강화시켜야 한다.

엄마표 영어의 맹점은 엄마다. 영어에 매몰된 엄마. 영어에 매몰되어 엄마의 모습을 잃은 엄마다. 며칠 전에 배운 내용을 아이가 기억하고 있는지 측정하고 평가하는 엄마. 당장 눈에 보이는 결과물이 없어 불안해하는 엄마. 문자 읽기, 영어 노출 시간, AR 지수와 같은 정보에 집착하는 엄마. 아이의 언어 능력 수준과 흥미를 고려하지 않은 채 과도하게 아이를 몰아치는 엄마가 결국 영어와 엄마에 대한 호감도를 떨어트린다.

엄마는 처음부터 끝까지 엄마여야 한다. 아이 앞에서 다정하고 평온한 엄마의 모습이어야 한다. 엄마는 아이가 언제쯤 영어로 발화할 수 있을지 초조해하고 고민할 필요가 없다. 때가 되면 스스로 발화한다. 아이의 침묵기를 존중해 줄 수 있어야 한다. 물 흐르듯이 자연스럽게 아이들의 시간에 따라 성장할 수 있도록 엄마는 아이의 기질을 이해해야 하고 아이의 속도를 배려해야 한다. 일상 속에서 이루어지는 영어 놀이와 생활 속 대화를 통해 영어에 대한 편안하고 좋은 정서 기억을 심어줄 수 있어야 한다. 즐기는 사이에 영어는 덤으로 따라온다.

훗날 엄마와 함께 영어로 소통하는 시간이 좋은 기억으로 수확될 수 있도록, 영어를 좋아해서 스스로 파고드는 아이로 자랄 수 있도록 밑바탕을 깔아주는 것이 엄마표 영어의 역할일 것이다.

엄마의 모습을 잃지 말자. 아이를 사랑하고, 존중하고 지지해 주는 엄마. 아이를 믿고 보듬어 주는 엄마. 진정으로 소통할 줄 아는 인간으로 성장하도록 돕는 엄마. 아이가 이룬 작은 성취에도 함께 기뻐하고 격려해 주는 엄마. 아이의 속도를 배려하고 조급해하지 않는 엄마. 아이를 있는 그대로 흐뭇하게 바라봐 주는 엄마. 우리가 끝까지 잃지 말아야 할 엄마의 모습이다.

Chapter

2

언어발달을 돕는
엄마의
6가지 대화법

01

엄마의 대화 방식 체크리스트

엄마와 아이는 매일 대화를 나눈다. 간식으로 무얼 먹고 싶은지, 잠들기 전 어떤 책을 읽을지, 일상적이고 평범한 이야기를 나눈다. 그리고 때로는 1억 년 전 사라진 공룡, 놀이터에서 관찰한 개미떼의 행렬, 텔레비전에서 본 공주 이야기와 같은 상상과 현실의 경계를 넘나드는 대화를 나누기도 한다. 엄마와 아이의 일상은 이처럼 매일 다양한 대화로 채워지고 있다.

일상생활 속 엄마와 아이의 대화. 이것은 단지 말을 주고받는 것 이상의 의미가 있다. 서로의 시선을 일치시켜 교감하는 시간, 마음과 마음이 만나 소통하는 시간, 그리고 말을 가르치고 배우는 시간이다.

아이는 가장 가까운 곳에서 생활하며 가장 많은 시간을 보내는 엄마를 통해 말을 배운다.

이때 엄마의 대화 방식은 매우 중요하다. 아이의 언어발달에 큰 영향을 주기 때문이다. 엄마가 가진 대화 방식은 아이의 언어발달을 도울 수도 있고 오히려 발달을 방해할 수도 있다. 말을 천천히 하는 엄마, 조급하게 말을 내뱉는 엄마, 말이 많은 엄마, 말수가 적은 엄마, 질문을 많이 하는 엄마, 일방적으로 말을 쏟아내는 엄마, 주로 듣기만 하는 엄마, 반응이 과한 엄마, 반응이 약한 엄마. 나는 어떠한 대화 방식을 가진 엄마인가? 나의 대화 방식은 과연 아이의 언어발달에 도움을 주고 있는가? 아래 물음을 읽고 해당하는 항목에 체크해 보자. 나의 평소 대화 방식을 되짚어보는 동시에 아이의 언어발달을 돕기 위해 엄마가 알아야 할 대화법은 무엇인지 미리 살펴보도록 하자.

- 아이와 눈을 맞추며 대화하고 있는가?
- 짧고 단순하게 말하고 있는가?
- 내용을 천천히, 또박또박 전달하고 있는가?
- 아이의 수준에 맞는 언어를 제공하고 있는가?
- 말과 함께 소리, 표정, 몸짓을 적절히 사용하고 있는가?
- 질문은 줄이고 상황에 맞는 코멘트를 더 많이 건네고 있는가?

언어발달을 돕는 엄마의 대화법은 아이를 중심에 두고 있다. 아이가 안정감을 느끼는 상태에서 말을 배울 수 있도록 눈맞춤을 통한 정

서적인 교류를 중요하게 생각한다. 아이의 언어 처리 속도를 헤아려 천천히 말하고 쉬운 말을 사용한다. 또한 아이에게 말의 의미를 정확하게 전달하고, 더욱 풍부하게 표현할 수 있도록 소리, 표정, 몸짓과 같은 비언어적인 요소들을 사용한다. 나아가 아이의 현재 언어발달 단계를 고려해 아이의 수준에 맞는 말을 모델링해 주는 것이 핵심이다. 내 아이의 속도를 배려하고 언어발달 단계를 이해하는 일. 내 아이를 위한 맞춤형 대화를 주고받는 일. 오직 엄마의 영역 안에서, 엄마만이 해줄 수 있는 것이다.

언어발달을 돕는 엄마의 대화법은 아이에게 말을 가르치는 엄마가 유지해야 할 본질적인 요소, 엄마와 아이가 긍정적으로 연결되는 방법에 관한 것이다. 가장 기본적인 것들, 사실 누구나 이미 알고 있는 것들이다. 그러나 정작 내 아이와 대화할 때 제대로 적용하지 못한다. 방법을 단지 아는 것에서 그치지 않고 완전히 내 것으로 만들어 일상생활 속 대화에 녹여 내도록 하자.

눈맞춤하기

"Look!"

"봐!"

아이와 눈을 맞추자. 눈맞춤은 대화의 기본이다. 말을 걸거나, 뭔가를 지시하거나, 계획한 활동을 진행하기에 앞서 항상 먼저 눈을 맞춰야 한다. 아이가 나와 눈을 맞추고 경청할 수 있을 때 내가 준비한 말, 내 생각, 전하고 싶은 메시지를 아이에게 더 잘 전달할 수 있다.

그러나 아이들과 눈을 맞추며 대화하는 것은 생각보다 쉽지 않다. 주변을 탐색하는 것에 관심이 많은 아이, 기질적으로 눈맞춤이 약한 아이, 과잉 자극으로 인해 눈맞춤이 힘든 아이, 참으로 다양한 이유로 엄마는 아이와 눈을 맞추며 대화하기 쉽지 않을 때가 있다. 따라서 눈을 맞출 수 있도록 훈련이 필요하다. 먼저 자세를 낮춰 아이와 눈높이를 맞춘 다음, 아이의 얼굴을 부드럽게 움직여 나와 시선을 일치시키도록 하자. 그리고 아이의 호기심을 자극할 만한 목소리로 눈맞춤을 유도하는 말을 건네자.

Look!	봐!
Look at this!	이거 봐!
Guess what!	있잖아!
Look what I have!	내가 뭘 갖고 있게!
Look what I've found!	내가 뭘 찾았는지 봐!
Watch me!	내가 하는 걸 봐!
Listen!	들어 봐!
Uh oh!	오 이런!

아이가 나와 눈을 맞추지 않는다고 해서 다그치거나 강압적으로 눈을 맞추려고 하지 않도록 하자. 오히려 역효과가 날 수 있다. 그럴 때는 아이가 평소에 좋아하는 물건을 사용하거나 유쾌하고 엉뚱한 방식으로 자연스럽게 아이의 눈맞춤을 유도하는 방법이 있다. 교실 현장, 언어치료 세션, 눈맞춤이 약했던 큰아이를 양육한 경험을 통해 알게 된 다양한 눈맞춤 방법들을 소개한다.

눈맞춤을 유도하는 방법

아이가 원하는 물건을
엄마의 눈 옆에 놓기

엉뚱한 행동으로
아이의 관심 끌기

미간에 스티커를 붙여
눈맞춤을 유도하기

종이에 구멍을 뚫어 얼굴에
씌운 후 눈맞춤을 유도하기

손가락으로 안경 모양을 만들어
시선을 사로잡기

휴지 심을 망원경처럼 사용해
눈맞춤을 유도하기

퍼펫을 사용해 아이의
시선을 사로잡기

악세사리를 착용해
아이의 관심을 끌기

도움이 필요한 상황을
일부러 만들어 관심을 끌기

만약 아이가 다른 활동에 몰두해 있다면 일단 그 활동이 끝날 때까지 기다리자. 특별한 경우가 아니라면 강제로 활동을 종료하지 않는 것이 좋다. 하고 있던 놀이에 흥미가 떨어질 때, 그때를 기다리자. 적절한 타이밍을 찾았다면 과감하게 치고 들어가자. 앞서 제시한 언어표현과 아이의 시선을 사로잡는 다양한 눈맞춤 방법들을 사용하여 아이와 눈을 맞추고 대화를 시작해 보자.

03

짧고 단순하게 말하기

Keep it short and simple.

짧고 단순하게 말하라.

말은 짧고 단순할수록 좋다. 아이가 듣고 따라서 말할 수 있어야 한다. 요약해서 핵심만 전달하도록 하자. 아이가 말을 이해하고 즉시 반응하려면 아이에게 전달되는 말은 간결하고 직관적이어야 한다. 그래야 전달하는 엄마도, 받아들이는 아이도 모두 편하다. 길고 복잡할 필요가 전혀 없다. 한두 단어만으로도 아이와 충분히 소통할 수 있다는 점을 기억하자.

아래 제시된 문장들을 살펴보자. 길다. 영어에 익숙하지 않은 엄마가 실수하지 않고 긴 문장들을 유창하게 말하기는 쉽지 않다. 듣는 아이도 혼란스럽다. 따라서 문장을 작은 의미의 단위로 끊어보자. 마치인수분해하듯 작은 덩어리로 쪼개는 것이다.

Please pick up the crayon over there.

저쪽에 있는 크레용 좀 주워줘.

| There is a crayon.
크레용이 있네. | Over there!
저쪽에! | Pick it up, please.
주워줘. |

We are going to the supermarket because we need some sugar.

설탕이 필요하기 때문에 슈퍼마켓에 갈 거야.

| Let's go!
가자! | To the supermarket.
슈퍼마켓으로. | We need some sugar.
설탕이 필요해. |

After you take a bath, you will go to bed.
목욕한 뒤에 자리 갈 거야.

First, bath. 먼저, 목욕할 거야.	**Then, bed.** 그런 다음, 잘 거야.

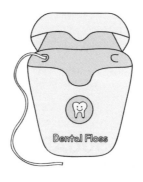

I slide my floss up and down.
나는 치실을 위아래로 움직여.

My floss. 내 치실.	**Slide it.** 움직여.	**Up and down.** 위아래로.

짧고 단순하게 말하도록 하자. 나와 내 아이가 편안하게 느끼는 수준의 언어로 대화를 나눠보자. 꾸준히 실천하다 보면 아이와 함께 엄마도 점차 영어 말하기에 익숙해질 것이다. 실력이 늘어나면 자연스럽게 말을 확장해 나가면 된다. 처음부터 너무 욕심을 부리지 말자. 길고 복잡한 언어를 구사하는 것만이 능사가 아니다. 수준에 맞지 않은 길고 복잡한 문장을 외워 아이에게 일방적으로 쏟아내지 않도록 하자. 엄마의 영어 인풋(input)이 장마철 들판에서 우는 개구리 소리가 되지 않으려면, 아이가 눈길을 거두고 등을 돌려 멀어지거나, "엄마, 영어 하지 마!"라고 직격탄을 날리지 않기를 바란다면 꼭 기억하길 바란다.

"Keep it short and simple."
"짧고 단순하게 말하라."

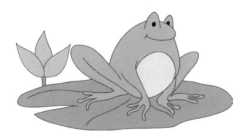

천천히 또박또박 말하기

말을 가르치는 데 속도는 중요한 역할을 한다. 말이 빠르면 아이가 내용을 알아듣지 못한다. 휘리릭 지나가 버리는 말이 무얼 의미하는지 알 수 없다면 아이는 제대로 집중하지 못한다. 집중하지 못하면 남는 것이 없다. 성격이 급한 엄마는 말을 빨리 쏟아낸다. 듣는 아이의 입장을 고려하지 않고 내용을 쏟아내는 것에 더 집중한다. 따라서 아이에게 말을 할 때는 의식적으로 천천히 말하려는 노력이 필요하다.

아이의 속도를 배려해 천천히, 또박또박 말해야 한다. 아이마다 언어를 듣고 이해하는 언어 처리 능력이 모두 다르다. 즉 소리를 듣고 이해한 다음 반응하기까지 걸리는 시간이 제각각이다. 말을 이해하고 적절히 반응할 수 있도록 아이에게 충분히 내용을 처리할 수 있는 여유를 주도록 하자. 특별히 말을 배우는 어린아이와 대화하는 엄마, 말이 늦은 아이에게 말을 가르치려는 엄마, 익숙한 우리말이 아닌 영어로 아이와 소통하려는 엄마라면 속도 조절은 필수라고 생각한다.

아이에게 말을 할 때 손가락으로 입을 가리키며 천천히, 또박또박 말해보자. 아이에게 입술의 움직임을 보여주는 것이며, 따라 말하도록 유도하는 것이다. 따라서 이때 입 모양은 크고 정확하게 한다. 또한 말할 때 단어와 단어 사이에 쉼표를 주고, 긴 문장은 의미 단위의 덩어리로 끊어서 천천히 말하는 연습을 해 보자. 다음 제시된 문장들을 천천히 또박또박 읽어보자.

Cold water.	차가운 물.
Pants on.	바지 입어.
It smells good.	냄새가 좋아.
There is one button.	단추가 한 개 있어.
Look how round they are!	둥근 것 좀 봐!
You are splashing water on me.	나에게 물을 튀기고 있구나.

언어자극 1-2-3 단계

아이들이 우리말을 습득하는 과정을 생각해 보자. 아이는 태어나 다양한 자극을 통해 소리에 익숙해지는 시기를 거쳐 한 낱말로 말하기 시작한다. 이후 두세 개의 낱말을 조합해 구(phrase)나 단순한 문장 형태로 발화하는 단계에 접어든다. 아이는 타인과 활발한 상호작용을 통해 다양한 문법 요소를 습득하게 된다. 이제 더 길고 복잡한 문장을 구사하게 되어 자기 생각을 구체적으로 표현하는 언어 능력을 갖추는 단계에 이른다.

언어도 발달 단계에 따라 점차 확장된다. 전 단계에서 쌓은 언어 지식을 바탕으로 다음 단계로 도약한다. 엄마는 각 단계를 이해하고 내 아이에게 적절한 수준의 언어 형태를 제공해 주면 된다. 제공되는 언어는 아이가 듣고 쉽게 이해할 수 있는 것, 부담 없이 충분히 따라 말할 수 있는 것이어야 한다. 따라서 엄마는 아이가 현재 어느 언어 사용 단계에 있는지를 파악해야 한다. 아이가 한 단어로만 말하고 있는지, 두세 단어로 이루어진 구(phrase)나 짧은 문장 형태로 발화하고 있는지, 혹은 좀 더 길고 복잡한 문장으로 말할 수 있는지 평소 아이의 발화 형태를 유심히 관찰해 보자.

　나는 엄마가 아이에게 제공할 수 있는 언어 자극을 1-2-3단계로 나눈다. 엄마는 각 단계의 특징을 파악해, 내 아이의 수준에 맞는 언어를 꾸준히 제공하도록 한다. 예를 들어보자. 엄마가 아이에게 냉장고 안에 있는 우유를 꺼내오라고 했다. 아이가 냉장고 문을 여는 순간, 엄마는 함께 보고 있는 것, 느끼고 생각하는 것을 대신 코멘트해 준다. 먼저 아이가 보고 있는 우유와 냉장고를 명명한다. 그런 다음 아이가 우유를 만졌을 때 드는 차가운 느낌을 묘사해 준다. 이제 각 단계에서 제공하는 언어의 형태와 특징을 설명과 예문을 통해 알아보도록 하자. 동일한 상황에서 단계별로 말이 어떻게 확장되는지 살펴보자.

<1단계 언어>

영어 소리를 처음 접하는 아이들이 1단계에 속한다. 1단계에서는 아이에게 한 단어 혹은 최대 두세 단어의 조합으로 이루어진 말을 제공한다. 아이가 쉽게 이해할 수 있도록, 의미 단위로 끊어서 짧고 단순하게 말해 주는 특징이 있다. 1단계는 아이가 영어의 기본 낱말을 습득하는 단계이다. 따라서 말은 주로 핵심적인 단어들의 조합으로 구성되어 있으며, 관사는 생략한다. 단어의 의미를 잘 전달하기 위해 사물을 직접 가리키거나 소리나 몸짓을 충분히 사용하여 말을 여러 번 반복하는 특징이 있다. 또한 질문보다는 코멘트를 통해 직접 보고 느끼고 있는 상황을 아이에게 적절한 말로 모델링해 주는 것이 중요하다.

Milk.	In fridge.	Cold milk.
우유.	냉장고 안에.	차가운 우유.

<2단계 언어>

단어 위주로 표현하는 아이가 2단계에 속한다. 2단계에서는 세 개 이상의 낱말로 조합된 구(phrase) 혹은 짧고 단순한 문장을 제공한다. 주로 단순 현재 시제 문장을 사용하며 관사를 포함한다. 말이 길어지지 않도록 끊어서 전달한다. 전 단계에서 습득한 낱말을 사용해 문장을 올바르게 구성할 수 있도록 문장의 기본 틀을 잡는 단계라고 볼 수 있다. 따라서 2단계에서는 문법적으로 올바른 문장을 제공해 줘야 한다. 다시 말해 아이가 발화한 낱말 형태의 말들을 주어와 동사가 있는 완전한 문장 형태로 확장해서 말해 주는 것에 집중하는 단계이다.

There is milk.	In the fridge.	It feels cold.
우유가 있어.	냉장고 안에.	차가워.

<3단계 언어>

사소한 문법적인 오류를 가진 문장식 표현이 가능한 아이들이 3단계에 속한다. 3단계에서는 1, 2단계보다 좀 더 확장된 문장을 사용한다. 연결어를 사용한 다소 복잡한 문장이 소개되는 단계이다. 또한 과거, 현재, 미래의 기본시제, 진행시제, 완료시제 등 다양한 시제를 사용한 문장 형태의 말을 제공한다.

There is milk in the fridge.	When you touch it, it feels cold.
냉장고 안에 우유가 있어.	만지면 차가워.

엄마의 관심과 적절한 언어 자극이 아이 언어발달에 밑거름이 된다. 항상 아이를 중심에 두고 아이 수준에 맞는 언어를 제공하도록 하자. 내가 3단계 언어 자극을 줄 수 있는 영어 구사력이 있는 엄마라 할지라도 내 아이가 1단계 언어 수준에 머물러 있다면, 1, 2단계를 넘나들며 내 아이에게 적절한 언어 자극을 제공해 줄 수 있어야 한다. 반면

3단계 영어 수준으로 발화할 수 있는 아이를 둔 1단계 영어 사용자 엄마의 경우라면 어떨까? 아이의 수준보다 한 단계 앞선 4, 5단계 영어 인풋을 주지 못해 좌절하지 않기를 바란다. 아이가 원하는 것은 4, 5단계 혹은 그 이상의 영어 인풋을 제공해 줄 수 있는 엄마가 아닐 것이다. 1단계 언어 수준으로도 즐겁게 아이와 소통할 줄 아는 엄마, 자신감 충만한 모습의 엄마라는 사실을 꼭 기억하자.

1단계	2단계	3단계
Milk. 우유. In fridge. 냉장고 안에. Cold milk. 차가운 우유.	There is milk. 우유가 있어. In the fridge. 냉장고 안에. It feels cold. 차가워.	There is milk in the fridge. 냉장고 안에 우유가 있어. When you touch it, it feels cold. 만지면 차가워.

06

소리, 표정, 몸동작

소리, 표정, 그리고 몸동작을 사용해 말에 풍부함을 더해 보자. 마치 이야기보따리를 풀어놓는 재미난 이야기꾼처럼 온몸을 사용해 아이와 소통하는 것이다. 의성어, 의태어를 적절히 사용해 말을 하면 아이의 흥미를 자극할 수 있다. 목소리의 크기와 톤에 변화를 주면 리듬감과 생동감 있게 말을 전달할 수 있다. 실감 나는 표정 연기와 함께 손가락으로 사물을 가리키거나 상황을 몸짓으로 표현해 보자. 난생 처음 듣는 영어 표현이라 해도 아이는 엄마의 말이 무엇을 의미하는지 쉽게 이해할 수 있다. 아이에게 말을 할 때 소리, 표정, 몸짓과 같은 비언어적인 요소를 사용해 말의 느낌을 잘 살려서 전달해 보자. 아이는 그런 엄마의 모습에 마음을 열고 다가와 엄마의 말에 귀 기울이고 반응할 것이다.

영어 의성어와 의태어

동물 소리	사람 소리	사물 소리	자연 소리
Woof woof 멍멍	Shh 쉿	Bang 쾅(문 닫는 소리)	Drip drip 뚝뚝(물 떨어지는 소리)
Chirp chirp 짹짹	Ta-da 짠	Honk honk 빵빵(자동차 소리)	Splash 첨벙(물장구 치는 소리)
Quack quack 꽥꽥	Oops 아이쿠	Knock knock 똑똑(두드리는 소리)	Whoosh 휘익(바람 소리)
Meow meow 야옹 야옹	Ouch 아야	Tick tock 똑딱(시계 소리)	Rumble 우르릉(천둥 소리)
Moo moo 음매 음매	Sniff sniff 킁킁, 훌쩍	Snip 싹둑(가위 소리)	Pitter patter 후드득 (빗소리)
Squeak squeak 찍찍	Phew 휴	Choo choo 칙칙폭폭(기차소리)	Snap 뚝(나뭇가지 부러지는 소리)
Oink oink 꿀꿀	Brr 부들부들	Vroom 부릉부릉(엔진 소리)	Buzz 윙윙 (벌레 소리)

간단한 영어 표현과 몸짓 언어

Help me!
도와줘!

I want it.
원해.

I need it.
필요해.

Let's go.
가자.

Let's share.
나누자.

Let's play.
놀자.

More, please.
더 주세요.

Again.
다시.

All done.
다 했어.

코멘트와 질문의 3:1법칙

우리의 대화 속에는 코멘트와 질문이 있다. 대화할 때 코멘트를 더 많이 하는 사람이 있는가 하면 주로 질문을 많이 하는 사람도 있다. 개인의 소통 방식에 따라 어느 것에 더 비중을 둘지는 각자 알아서 결정할 일이다. 사실 정답도 없고 정해진 룰도 없다. 하지만 아이에게 말을 가르치는 엄마의 경우라면 어떨까? 아이의 언어발달을 돕기 위해 코멘트와 질문 중 어느 것에 더 비중을 둬야 말을 배우는 데 더욱 효과적일까?

엄마의 언어 자극은 질문이 아닌 코멘트로 채워야 한다고 했다. 말을 배우고 있는 아이들에게 반복적인 질문을 통해 정해진 정답을 유도하기보다는 모델링을 통해 상황에 알맞은 표현을 많이 들려줘야 한다고 강조했다. 언어치료사 선생님은 아이의 언어발달을 돕는 코멘트와 질문의 황금비율을 내게 알려주었다.

황금비율 3:1

코멘트와 질문의 황금비율은 3:1이라 했다. 즉 아이에게 먼저 적어도 세 개의 코멘트를 한 다음, 질문 한 개를 던지는 식이다. 그렇다면 도대체 무엇을 코멘트해야 할까? 코멘트와 질문의 3:1 법칙을 적용한 대화의 흐름을 살펴보도록 하자. 아이가 파란색 자동차를 가지고 놀고 있다고 가정하자. 먼저 엄마는 혼잣말로 아이가 가지고 놀고 있는 파란 자동차에 관련된 3개의 코멘트를 말한다. 그런 다음 아이의 반응을 끌어낼 수 있는 흥미로운 질문 한 개를 던지도록 한다.

엄마: You have a blue car.	엄마: 파란색 자동차를 가지고 있네.
You are pushing your car.	자동차를 밀고 있네.
It is your favorite toy.	네가 가장 좋아하는 장난감이지.
What sound does your car make?	네 차는 무슨 소리가 나?
아이: Vroom vroom.	아이: 부릉부릉.
엄마: I see. It goes vroom vroom.	엄마: 그렇구나. 부릉부릉 소리를 내는구나.

위 대화문을 간단히 분석해 보자. 첫 번째 코멘트에서는 아이가 가지고 노는 자동차를 명명했다. "You have a blue car(파란색 자동차를 가지고 있네)." 두 번째 코멘트에서는 아이가 하는 행동을 묘사했다. "You are pushing your car(자동차를 밀고 있네)." 이어지는 세 번째 코멘트에서는 장난감 자동차에 대한 아이의 생각을 대신 말로 표현해줬다. "It is your favorite toy(그것은 네가 가장 좋아하는 장난감이지)." 이처럼 세 개의 코멘트를 마친 다음, 아이에게 흥미로운 질문 하나를 던졌다. "What sound does your car make(네 차는 무슨 소리가 나)?"

코멘트와 질문의 3:1 법칙을 적용한 또 다른 대화문을 살펴보자. 이번에는 아이가 자동차를 빠르게 움직이며 가지고 놀다가 충돌하는 상황을 연출했다. 엄마는 그 과정을 마치 중계하듯 코멘트해 주고 자연스럽게 질문을 던진다.

엄마: Your car is going too fast.
　　　Uh oh! Your car crashed.
　　　We need help.
　　　What should we do?
아이: Ambulance.
엄마: Yes!
　　　We should call the ambulance.

엄마: 네 자동차가 너무 빨리 달리고 있어.
　　　이런! 자동차가 충돌했네.
　　　도움이 필요해.
　　　어떡하지?
아이: 구급차.
엄마: 그래!
　　　우리는 구급차를 불러야 해.

위 대화문을 간단히 분석해 보자. 첫 번째 코멘트에서는 아이가 하는 행동을 묘사했다. "Your car is going too fast(네 자동차가 너무 빨리 달리고 있어)." 두 번째 코멘트에서는 일어난 사고에 관해 설명했다. "Uh oh! Your car crashed(이런! 자동차가 충돌했네)." 마지막 세 번째 코멘트에서는 아이가 현재 생각하고 있는 것을 말로 표현해줬다. "We need help(도움이 필요해)." 그런 다음 이 상황에서 무엇을 해야 하는지 물었다. "What should we do(어떡하지)?" 이후 아이의 대답을 듣고 완전한 문장으로 다시 확장해서 말해줬다.

꼭 기억하자. 코멘트와 질문의 황금비율 3:1. 꼬리에 꼬리를 무는 질문 방식의 소통이 되지 않도록, 질문 융단폭격으로 인해 아이가 대화에 흥미를 잃지 않도록, 영어 대화 자체를 부담스럽게 느껴 영어에 대한 거부감이 들지 않도록, 코멘트와 질문의 비율을 적절히 조절하자.

코멘트 : 질문
3 : 1

다음 3장, 4장에서는 말을 가르치는 6가지 방법과 10가지 의사소통 전략을 소개하려고 한다. 자연스럽고 편안한 환경 안에서 엄마가 영어 소리를 노출해 주고 발화할 수 있도록 독려하기 위해 아이에게 무엇을, 어떻게 코멘트해 줄 수 있을지 구체적인 방법을 제시하고자 한다. 이 책에서 소개된 방법과 전략들은 커뮤니케이션 능력을 극대화할 수 있도록 [1]말을 가르치는 방법과 [2]언어 지연, 언어 장애를 지닌 아동의 발화를 돕기 위해 고안된 의사소통 전략들을 참고하였다.

[1] Dorothy P. Dougherty. (1999) How to Talk to Your Baby. Avery.

[2] Paul, R., Norbury, C., & Gosse, C. (2017). Language Disorders from Infancy through Adolescence (5th ed.). Mosby.

Chapter

말을
가르치는 방법
6가지

명명하기

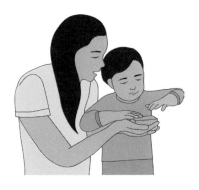

"This is soap."

"이것은 비누야."

주변을 둘러보자. 온통 명명할 수 있는 것들로 가득하다. 사람, 동물, 물건, 장소, 눈에 보이지 않는 추상적인 개념까지, 이 세상 모든 것에는 이름이 있다. 생활 속에서 아이가 경험하는 것, 그 순간 인지하고 있는 것들의 이름을 알려주자. 현재 관심을 두고 있는 것, 만지고 있는 것, 나와 함께 보고 있는 것을 손가락으로 가리키고 몸짓으로 표현하며 명명해 주자. 명명하기 방법을 통해 제공해줄 수 있는 표현을 1, 2, 3단계로 나눠 살펴보자.

욕실에서 엄마와 아이가 손을 씻으려고 한다. 비누와 손을 각각 손가락으로 가리키며 명명해 보자. 먼저 엄마 자신의 손에 있는 비누를 명명한다. 그런 다음 비누를 아이에게 건네주고 아이의 손에 있는 비누를 차례로 명명해 보자.

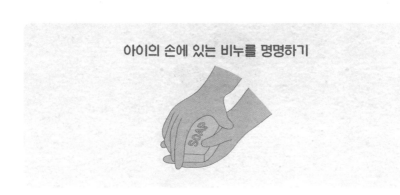

아이의 손에 있는 비누를 명명하기

1단계	2단계	3단계
Soap. 비누. In hands. 손에. My hands. 내 손. Your hands. 네 손.	This is soap. 이것은 비누야. In my hands. 내 손에. In your hands. 네 손에.	There is soap in my hands. 내 손에 비누가 있어. There is soap in your hands. 네 손에 비누가 있어.

외출하기 전 아이의 신발을 신발장이 아닌 탁자 아래에 미리 놓아두도록 하자. 그런 다음 신발이 어디에 있는지 함께 찾아보자. 아이가 탁자 아래에 놓여 있는 신발을 발견한다면 자연스럽게 신발과 탁자를 각각 손가락으로 가리키며 명명해 보자.

탁자 아래에 있는 신발을 명명하기

1단계	2단계	3단계
Shoes. 신발. Under table. 탁자 아래에.	These are shoes. 이것은 신발이야. Under the table. 탁자 아래에.	There are shoes under the table. 탁자 아래에 신발이 있어.

묘사하기

"The apple is red."

"그 사과는 빨개."

이름이 있는 것들은 특징을 갖는다. 색이 있으며, 크기도 다르고, 모양도 가지각색이다. 어떤 것들은 소리가 나거나 냄새도 있다. 직접 들어보면 무겁고 가벼운 정도를 알 수 있고, 손끝에서 다양한 질감을 경험할 수 있다. 생활 속에서 아이에게 사물의 색깔, 감촉, 냄새, 모양, 소리, 맛 등의 특성을 묘사해 주자. 이처럼 눈에 보이는 사실을 객관적으로 묘사할 수 있고 내 주관적인 느낌을 묘사할 수도 있다. 이제 묘사하기 방법을 통해 제공해 줄 수 있는 표현을 1, 2, 3단계로 나눠 살펴보자.

아이에게 간식으로 먹을 사과를 건네주자. 사과를 이리저리 살펴보고, 만져보고, 한 입 베어 물며 사과의 특징을 묘사해 보자.

간식으로 먹을 사과를 묘사하기

1단계	2단계	3단계
Round apple. 둥근 사과. Red apple. 빨간 사과. Hard apple. 단단한 사과. Smooth apple. 매끄러운 사과. Crunchy apple. 아삭아삭한 사과. Yummy apple. 맛있는 사과.	The apple is round. 사과는 둥글어. The apple is red. 사과는 빨개. The apple is hard. 사과는 단단해. The apple is smooth. 사과는 매끄러워. The apple is crunchy. 사과는 아삭아삭해. The apple is yummy. 사과는 맛있어.	The apple is round and red. 사과는 둥글고 빨개. The apple is hard and smooth. 사과는 단단하고 매끄러워. The apple is crunchy and yummy. 사과는 아삭아삭하고 맛있어.

03

비교하기

"Mommy's jacket is bigger than your jacket."

"엄마의 재킷은 네 재킷보다 더 커."

집 안팎을 둘러보자. 생활 속에서 비교할 수 있는 것들을 찾아 말을 가르쳐보자. 비교할 대상을 찾았다면 어떤 점이 어떻게 다른지 말로 표현해 주자. 사물의 상태를 비교하며 반대말을 가르칠 수 있고, 두 대상의 위치나 행동의 차이를 비교할 수도 있다. 또한 두세 가지 이상의 물건을 두고 그 특징과 주요 차이점을 비교할 수도 있다. 비교하기 방법을 통해 제공해 줄 수 있는 표현을 1, 2, 3단계로 나눠 살펴보자.

빨래 바구니 안에 있는 더러운 셔츠와 세탁기 안에 있는 깨끗한 셔츠를 비교하는 코멘트를 해 보자. 또한 각 셔츠가 놓여 있는 위치도 함께 비교해 보자.

두 셔츠의 상태와 위치를 비교하기

1단계	2단계	3단계
Dirty shirt. 더러운 셔츠. In hamper. 바구니 안에.	There is a dirty shirt. 더러운 셔츠가 있어. In the hamper. 바구니 안에.	There is a dirty shirt in the hamper. 바구니 안에 더러운 셔츠가 있어.
Clean shirt. 깨끗한 셔츠. Inside washer. 세탁기 안에.	There is a clean shirt. 깨끗한 셔츠가 있어. Inside the washer. 세탁기 안에.	There is a clean shirt inside the washer. 세탁기 안에 깨끗한 셔츠가 있어.

욕실에서 엄마는 손을 씻고 아이는 욕조 안에서 목욕을 하고 있다.
엄마와 아이의 다른 행동을 비교해 보자.

욕실에서 두 사람의 행동을 비교하기

1단계	2단계	3단계
Wash hands. 손을 씻어. In sink. 세면대에서.	I wash my hands. 나는 손을 씻어. In the sink. 세면대에서.	I am washing my hands in the sink. 나는 세면대에서 손을 씻고 있어.
Wash body. 몸을 씻어. In tub. 욕조에서.	You wash your body. 너는 네 몸을 씻어. In the tub. 욕조에서.	You are washing your body in the tub. 너는 욕조에서 네 몸을 씻고 있어.

옷걸이에 가족들의 재킷을 걸며 자연스럽게 대상의 크기를 비교하는
말을 코멘트해 보자. 또한 누구의 재킷이 가장 큰지 말해 보도록 하자.

가족들의 재킷 크기를 비교하기

1단계	2단계	3단계
Your jacket. 네 재킷.	This is your jacket. 이것은 네 재킷이야.	Your jacket is big, but Mommy's jacket is bigger. 너의 재킷은 커, 그러나 엄마의 재킷은 더 커.
Big jacket. 큰 재킷.	*This jacket is big. 이 재킷은 커.	
Mommy's jacket. 엄마의 재킷.	This is Mommy's jacket. 이것은 엄마의 재킷이야.	Mommy's jacket is bigger than your jacket. 엄마의 재킷은 네 재킷보다 더 커.
Bigger jacket. 더 큰 재킷.	This jacket is bigger. 이 재킷은 더 커.	
Daddy's jacket. 아빠의 재킷.	This is Daddy's jacket. 이것은 아빠의 재킷이야.	Daddy's jacket is the biggest of them all. 아빠의 재킷은 그 중에서 제일 커.
Biggest jacket. 제일 큰 재킷.	This jacket is the biggest. 이 재킷은 제일 커.	

＊ 명사를 강조하기 위해 대명사 it를 사용하는 대신에 여러 번 반복합니다.

표현하기

"I am hungry. I want to eat pizza."

"배고파. 피자 먹고 싶어."

평소에 아이의 표정과 기분을 살피고 행동을 잘 관찰해 보자. 그렇게 하다 보면 아이가 느끼는 생각과 감정, 필요한 것, 원하는 것을 알아낼 수 있다. 이때 아이가 느끼는 다양한 감정과 욕구를 영어로 적절하게 표현하는 방법을 엄마가 모델링해 주도록 하자. 아이가 엄마의 말에 좀 더 집중할 수 있도록 다양한 표정과 말투, 몸짓을 사용해 실감나게 표현해 보자. 표현하기 방법을 통해 제공해줄 수 있는 표현을 1, 2, 3단계로 나눠 살펴보자.

피자를 부엌 탁자 위에 올려놓자. 배고픈 상태와 피자를 먹고 싶은 아이의 생각을 대신 말로 표현해 주자. 상황에 어울리는 표정, 말투, 몸동작을 활용해 실감 나게 표현해 보자.

피자 앞에서 배고픈 상태를 표현하기

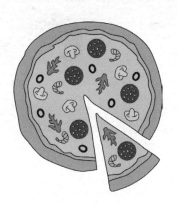

1단계	2단계	3단계
My tummy. 내 배. Growl. 꼬르륵. Hungry. 배고파. Want pizza. 피자를 원해. More, please. 더 원해요.	My tummy growls. 내 배에서 꼬르륵 소리가 나. I am hungry. 나는 배고파. I want pizza. 나는 피자를 원해. I want more, please. 나는 더 원해요.	My tummy keeps growling. 내 배에서 자꾸 꼬르륵 소리가 나. I am so hungry that I want to eat pizza right now. 정말 배가 고파서 당장 피자를 먹고 싶어. I want to eat more pizza, please. 피자 더 먹고 싶어요.

설명하기

"Shoes go on our feet."

"신발은 발에 신는 거야".

　일상 속에서 아이에게 설명해 줄 것들이 많다. 친숙한 물건의 용도에 관해 설명할 수 있다. '먼저(First)', '그다음에(Next)', '그러고 나서(Then)'와 같은 말을 사용해 일련의 사건 순서나 차례를 설명할 수 있다. 또한 질서를 유지하기 위해 지켜야 하는 일상생활 속 규칙에 관해 설명할 수 있다. 각 상황을 설명할 때 아이에게 다양한 어휘와 표현을 노출해 주도록 하자. 설명하기 방법을 통해 제공할 수 있는 표현을 1, 2, 3단계로 나눠 살펴보도록 하자.

신발과 칫솔의 용도를 아이에게 설명해 보자. 먼저 사물을 명명해 준 다음 무엇을 할 때 쓰이는 물건인지 설명해 보자.

신발의 용도를 설명하기

1단계	2단계	3단계
Shoes. 신발. On feet. 발에.	We wear shoes. 우리는 신발을 신어. On our feet. 우리의 발에.	We wear shoes on our feet. 우리는 발에 신발을 신어. Shoes go on our feet. 신발은 발에 신는 거야.

칫솔의 용도를 설명하기

1단계	2단계	3단계
Toothbrush. 칫솔. Brush teeth. 이를 닦아. With toothbrush. 칫솔로.	This is a toothbrush. 이것은 칫솔이야. We brush our teeth. 우리는 이를 닦아. With a toothbrush. 칫솔로.	We use a toothbrush to brush our teeth. 우리는 이를 닦기 위해 칫솔을 사용해.

놀이터에서 지켜야 할 규칙에 대해서 설명해 보자.

놀이터에서 지켜야 할 규칙을 설명하기

1단계	2단계	3단계
Play nicely. 사이좋게 놀아. On playground. 놀이터에서.	We play nicely. 우리는 사이좋게 놀아. On the playground. 놀이터에서.	We should play nicely on the playground. 우리는 놀이터에서 사이좋게 놀아야 해.
Take turns. 차례를 지켜. On slide. 미끄럼틀에서.	We take turns. 우리는 차례를 지켜. On the slide. 미끄럼틀에서.	We should take turns on the slide. 우리는 미끄럼틀에서 차례를 지켜야 해.

아침식사로 시리얼을 먹으려고 한다. 아이에게 시리얼을 먹기 위해 무엇을 해야 하는지 순서를 설명해 보자.

시리얼을 먹는 순서에 대해 설명하기

1단계	2단계	3단계
First, cereal. 먼저, 시리얼. Pour. 부어. Into bowl. 그릇에.	First, pour the cereal. 먼저, 시리얼을 부어. Into the bowl. 그릇에.	First, pour the cereal into the bowl. 먼저, 시리얼을 그릇에 부어.
Next, milk. 그 다음, 우유. Pour. 부어. Into bowl. 그릇에.	Next, pour the milk. 그 다음, 우유를 부어. Into the bowl. 그릇에.	Next, pour the milk into the bowl. 그 다음, 우유를 그릇에 부어.
Then, spoon. 그런 다음, 숟가락. Bring. 가져와. From drawer. 서랍에서.	Then, bring your spoon. 그런 다음, 숟가락을 가져와. From the drawer. 서랍에서.	Then, bring your spoon from the drawer. 그런 다음, 서랍에서 숟가락을 가져와.

지시하기

"Place the doll on the shelf, please."

"인형을 선반 위에 놓아줘."

아이가 해야 할 일을 지시해 보자. 물건을 가져오도록 하거나 반대로 특정한 위치에 가져다 놓게 하자. 지시하기 방법을 통해 '아래에 (down)', '안에(in)', '위에(on)'와 같이 공간의 위치를 나타내는 말을 자연스럽게 가르칠 수 있다. 지시사항은 천천히, 또박또박 전달하자. 손가락으로 직접 사물을 가리키거나 몸동작을 사용해, 해야 할 행동을 구체적으로 지시하도록 하자. 지시하기 방법을 통해 제공해 줄 수 있는 표현을 1, 2, 3단계로 나눠 살펴보자.

엄마와 아이가 함께 장난감을 정리하는 상황이다. 아이에게 바닥에 놓여 있는 인형을 주워 선반 위에 갖다 놓을 수 있도록 지시해 보자.

장난감을 정리하도록 지시하기

1단계	2단계	3단계
Doll. 인형. Pick up. 주워. Place. 놓아. On shelf. 선반 위에.	Pick up the doll. 인형을 주워. Place the doll. 인형을 놓아. On the shelf. 선반 위에.	Pick up the doll. and place it on the shelf, please. 인형을 주워서 선반 위에 올려 놓아줘.

의사소통
전략
10가지

혼잣말하기

"I am washing my hands with cold water."
"나는 찬물로 손을 씻고 있어."

혼잣말을 하자. 엄마가 현재 하고 있는 것, 보고 있는 것, 느끼고 생각하고 있는 것들에 관해 이야기하자. 혼자 묻고 스스로 답도 해 보자. 가까운 곳에 있는 아이에게 잘 전달될 수 있도록 아이를 의식하며 적당히 큰 목소리로 또박또박 혼잣말을 하는 것이다. 아이는 호기심을 느끼며 엄마의 행동을 관찰하고 혼잣말에 귀 기울일 것이다. 아이는 상황과 엄마의 행동, 혼잣말을 연결하는 과정을 통해 자연스럽게 말을 배울 수 있다. 생활 속에서 혼잣말하기 전략을 사용해 제공해 줄 수 있는 표현을 1, 2, 3단계로 나눠 살펴보자.

손을 씻는 행동, 물의 온도, 비누의 위치와 특징, 그리고 엄마의 의도된 작은 실수에 대해 혼잣말을 해 보자.

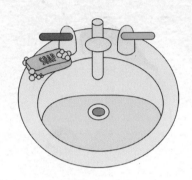

욕실에서 손을 씻으며 혼잣말하기

1단계	2단계	3단계
Water on. 물을 틀어.	I turn on the water. 나는 물을 틀어.	I am turning on the water. 나는 물을 틀고 있어.
Wash hands. 손을 씻어.	I wash my hands. 나는 손을 씻어.	I am washing my hands with cold water. 나는 찬물로 손을 씻고 있어.
Cold water. 차가운 물.	The water is cold. 물이 차갑네.	
Slippery soap. 미끄러운 비누.	The soap is slippery. 비누가 미끄러워.	The soap is slippery. 비누가 미끄러워.
Oops! Slip! 이런! 미끄러져!	Oops! It slipped! 이런! 미끄러져 버렸네!	Oops! It slipped out of my hand! 이런! 내 손에서 미끄러져 버렸네!
Pick up. 집어.	I pick up the soap. 나는 비누를 집어.	I am going to pick it up. 나는 비누를 집을 거야.

중계하기

"You are putting on your pants."

"너는 바지를 입고 있네."

경기를 뛰는 선수들의 행동, 감정, 진행 상황을 중계하는 스포츠 캐스터처럼 아이가 현재 하고 있는 것, 보고 있는 것, 느끼고 생각하고 있는 것들을 엄마가 대신 중계하듯 말해 주자. 이때 아이에게 질문하거나 반응을 요구하지 않아도 된다. 아이의 시선과 손끝을 부지런히 쫓아가자. 아이가 행동하고 인지하고 있는 그 순간, 상황에 알맞은 언어 자극을 제공하는 것이다. 중계하기 전략은 혼잣말 전략과 유사하다. 단지 주어가 엄마인 'I(나)'에서 아이인 'You(너)'로 바뀔 뿐이다. 중계하기 전략을 사용해 제공해 줄 수 있는 표현을 1, 2, 3단계로 나눠 살펴보자.

아이가 바지를 입는 행동, 바지의 색깔, 무늬, 주머니와 단추 개수
와 같은 구체적인 정보를 중계하듯 말해 보자.

바지를 입고 있는 아이의 행동을 중계하기

1단계	2단계	3단계
Pants on. 바지를 입네.	You put on your pants. 너는 바지를 입네.	You are putting on your pants. 너는 바지를 입고 있네.
White and black. 하얀색과 검은색. Stripes. 줄무늬.	They are white and black. 바지는 하얗고 검은색이네. They have stripes. 바지에 줄무늬가 있네.	They have white and black stripes, one button, and two pockets. 바지에 하얗고 검은 줄무늬가 있고, 단추는 한 개, 그리고 주머니는 두 개 있네.
One button. 단추 한 개. Two pockets. 주머니 두 개.	There is one button. 단추는 한 개 있네. There are two pockets. 주머니는 두 개 있네.	

확장하기

"Yellow bird."   "Yes! It is a yellow bird."

"노란 새."   "그래! 그건 노란 새야."

늘려주고 채워주자. 아이가 한 말에 좀 더 살을 붙이는 것이다. 무리해서 긴 문장으로 확장할 필요는 전혀 없다. 아이가 내뱉은 말에 적어도 단 한 단어를 더해 다시 말해 주면 된다. 확장하기를 통해 오류 문장을 어법에 맞게 자연스럽게 수정해 줄 수 있고, 아이가 한 말을 다양하게 표현하는 방법을 가르쳐줄 수 있다. 확장하기 전략을 사용한 대화문을 1, 2, 3단계로 나눠 살펴보자.

아이가 나뭇가지에 앉아 있는 노란 새를 발견했다. 만약 아이가 새를 명명했다면 각 단계 언어의 특징에 맞게 말을 확장해 보자.

새를 보며 말을 확장하기

1단계	
아이: Bird. 엄마: Yes! Yellow bird. 　　　On branch.	아이: 새. 엄마: 그래! 노란 새. (확장하기) 　　　나뭇가지 위에.

2단계	
아이: Yellow bird. 엄마: Yes! It is a yellow bird. 　　　On a branch.	아이: 노란 새. 엄마: 그래! 그건 노란 새야. (확장하기) 　　　나뭇가지 위에.

3단계	
아이: It is a yellow bird. 엄마: Yes! It is a little yellow bird 　　　sitting on a branch.	아이: 그건 노란 새예요. 엄마: 그래! 그건 나뭇가지에 앉아 있는 　　　작고 노란 새야. (확장하기)

완성하기

"A cat says…? /m/, /m/" "Meow."

"고양이는…? /야/, /야/" "야옹."

멈추자. 문장을 끝맺지 않는다. 마지막 한 단어를 아이에게 양보하자. 아이가 이미 알고 있는 단어를 끌어내 엄마가 말한 문장을 완성하도록 하는 전략이다. 완성하기 전략을 사용하는 방법은 다음과 같다. 먼저 멈추기 전, 마지막 단어의 끝을 올려 말한다. 그리고 아이의 반응을 기다린다. 만약 반응이 없다면 고개를 살짝 기울이거나 눈썹을 추켜세우며 아이와 눈을 맞추도록 하자. 그래도 반응이 없다면 양손을 귓가에 댄다. 이는 아이에게 대답을 기다리고 있다는 시그널을 보내는 것이다. 여전히 반응이 없다면 직접 대상을 가리키거나 몸동작으로 표현해 주자. 동시에 아이가 말해야 할 단어의 첫소리 힌트를 주면 된다. 완성하기 전략을 사용한 대화문을 살펴보자.

외출 전 엄마가 아이에게 양말을 건네준다. 단, 양말 한 짝만 주도록 하자. 아이로부터 '양말(sock)'이라는 낱말을 끌어내 문장을 완성하도록 한다. 만약 아이가 대답을 하지 못한다면 양말을 직접 손가락으로 가리키거나 첫소리 힌트를 주면 된다. 완성하기 전략을 사용한 대화문을 살펴보자.

양말이라는 낱말을 끌어내 문장을 완성하기

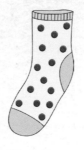

엄마: Uh oh! I forgot your other…?	엄마: 오 이런! 깜빡했네… 너의 다른 한 짝의…?
아이: …	아이: (반응 없음)
엄마: /s/. /s/	엄마: /양/, /양/ (첫소리 힌트 주기)
아이: Sock.	아이: 양말.
엄마: Yes! I forgot your other sock.	엄마: 그래! 네 다른 양말 한 짝을 깜빡했어.

먼저 고양이를 명명하자. 그런 다음 아이로부터 고양이가 우는 소리를 끌어내 문장을 완성해 보자.

고양이 소리를 끌어내 문장을 완성하기

엄마: This is a cat.
      The cat says…?
아이: …
엄마: /m/, /m/…
아이: Meow.
엄마: Yes! That's right.
      The cat says meow.

엄마: 이건 고양이야.
      고양이는…?
아이: (반응 없음)
엄마: /야/, /야/… (첫소리 힌트 주기)
아이: 야옹.
엄마: 그래! 맞아.
      고양이는 야옹 소리를 내.

반복하기

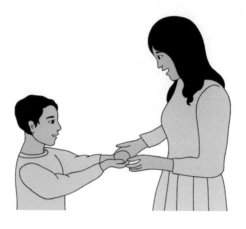

"Mommy, rock."   "Yes! A rock. It is a big rock."

"엄마, 돌맹이야."   "그래! 돌맹이네. 그건 큰 돌맹이야."

반복해 주자. 말을 습득하게 하려면 자주 들려줘야 한다. 아이들이 하는 말을 여러 번 반복하고 때로는 확장해서 말해 주자. 단순히 말을 반복하기보다 소리의 크기, 전달 속도, 목소리의 톤을 다양하게 바꿔 말하는 방식으로 반복해 줄 수 있다. 노래와 챈트를 활용해도 좋다. 여러 번 반복하는 과정에서 아이는 자연스럽게 어휘와 표현을 기억 속에 축적하게 된다. 꾸준한 반복을 통해 언어 표현에 익숙해지면 말하기에 자신감을 얻게 된다. 반복하기 전략을 사용한 대화문을 살펴보도록 하자.

공원에서 산책을 하던 중 아이가 돌맹이를 주워와 엄마에게 보여 준다. 아이가 돌맹이를 명명하면 다양한 방법으로 여러 번 반복해서 말해 주자.

아이가 명명한 단어를 여러 번 반복하기

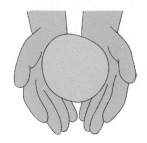

아이: Mommy, rock!
엄마: A rock.
　　　You found a rock.
아이: Mommy, more!
엄마: More rocks.
　　　I see small rocks.
　　　I see big rocks.
아이: Mommy, here!
엄마: Rocks are here.
　　　Rocks are there.
　　　Rocks are everywhere.

아이: 엄마, 돌맹이!
엄마: 돌맹이네.
　　　돌맹이를 찾았구나.
아이: 엄마, 더 있어!
엄마: 더 많은 돌맹이네.
　　　작은 돌맹이들이 보여.
　　　큰 돌맹이들이 보여.
아이: 엄마, 여기!
엄마: 여기에 돌맹이들이 있어.
　　　저기에 돌맹이들이 있어.
　　　사방에 돌맹이들이 있네.

엄마와 아이가 〈진저브레드 맨(The Gingerbread Man)〉 영어 그림책을 함께 읽고 있다. 목소리 톤을 다양하게 바꿔 그림책 속 문장을 반복해서 읽어보도록 하자.

문장을 다양한 목소리 톤으로 반복해서 읽기

엄마: Run, run as fast as you can.
　　　You can't catch me.
　　　I am the gingerbread man!
아이: …
엄마: Now in my monster voice.
　　　(Repeat)
아이: Again!
엄마: Now in my alien voice.

엄마: 달려, 최대한 빨리 달려.
　　　넌 날 잡지 못해.
　　　나는 진저브레드 맨이야!
아이: (아이의 다양한 반응)
엄마: 이제 괴물 목소리로 읽어본다.
　　　(반복)
아이: 또 해주세요!
엄마: 이제 외계인 목소리로 읽어본다.

선택하기

"Do you want to sit next to Mommy or Daddy?"

"엄마 옆에 앉고 싶니 아니면 아빠 옆에 앉고 싶니?"

A or B? 아이에게 두 가지 중 하나를 선택하게 하자. 아이가 선택을 완료하면 원하는 것을 얻기도 하고 생각하는 대로 일이 진행된다. 아이는 선택하는 과정을 통해 말의 힘을 경험하게 되는 것이다. 본인이 현재 상황을 통제하고 있다고 생각하기 때문에 더 적극적으로 반응한다. 실물을 보여주면 아이의 흥미와 자발적인 참여를 좀 더 유도할 수 있다. 선택하기는 아이에게 새로운 어휘를 가르치고, 말하기의 자신감을 키울 수 있게 도와주는 매우 유용한 전략이다. 선택하기 전략을 사용한 대화문을 1, 2, 3단계로 나눠 살펴보자.

식사시간에 엄마 옆자리와 아빠 옆자리 중 어느 쪽에 앉고 싶은지 선택하게 해 보자. 선택을 완료했다면 아이가 한 말을 확장해서 다시 한번 말해 주도록 하자.

앉을 자리를 선택하기

1단계

엄마: Sit?	엄마: 앉을래?
Next to Mommy?	엄마 옆에?
Or next to Daddy?	아니면 아빠 옆에?
아이: …	아이: (아빠 옆자리에 앉는 아이)
엄마: I see.	엄마: 그렇구나.
Sit.	앉아.
Next to Daddy.	아빠 옆에.

2단계

엄마: Do you want to sit?	엄마: 앉고 싶니?
Next to Mommy or Daddy?	엄마 옆에 아니면 아빠 옆에?
아이: Daddy.	아이: 아빠.
엄마: I see.	엄마: 그렇구나.
You want to sit.	너는 앉고 싶구나.
Next to Daddy.	아빠 옆에.

엄마: Do you want to sit next to
    Mommy or Daddy?
아이: Next to Daddy.
엄마: I see.
    You want to sit next to Daddy.

엄마: 엄마 옆에 앉고 싶니 아니면 아빠 옆에
    앉고 싶니?
아이: 아빠 옆에.
엄마: 그렇구나.
    너는 아빠 옆에 앉고 싶구나.

07

실수하기

"Oops! I gave you chopsticks by mistake."

"이런! 내가 실수로 네게 젓가락을 줬네."

아이 앞에서 일부러 실수를 하자. 아이가 요구한 것과 다른 엉뚱한 물건을 건네주거나 뒤집어 놓거나 떨어트린 후 아이의 반응을 살펴보자. 분명 아이는 엄마의 실수를 지적하고 코멘트하고 고쳐주려고 할 것이다. 이처럼 엄마의 의도된 실수는 아이와 상호작용을 나눌 기회를 만들어준다. 실수하기 전략을 사용한 대화문을 1, 2, 3단계로 나눠 살펴보자.

그릇에 시리얼과 우유를 부었다. 아이에게 실수로 숟가락이 아닌 젓가락을 건넨 후 아이의 반응을 살피며 대화를 나눠보자.

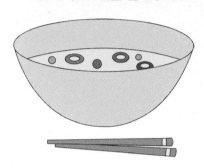

실수로 젓가락을 건네주기

1단계

엄마: Enjoy.	엄마: 맛있게 먹어. (젓가락을 건네기, 실수하기)
아이: …	아이: (젓가락을 부정하는 아이)
엄마: Oops! Not chopsticks. Need…? /s/, /s/	엄마: 아이쿠! 젓가락이 아니지. 필요한 건…? /숟/, /숟/
아이: Spoon.	아이: 숟가락.
엄마: Yes! Need spoon.	엄마: 그래! 숟가락이 필요해.

2단계

엄마: Enjoy your cereal.	엄마: 시리얼 맛있게 먹어. (실수하기)
아이: …	아이: (젓가락을 부정하는 아이)
엄마: Oops! It is my mistake. What do you need?	엄마: 아이쿠! 나의 실수야. 뭐가 필요하지?
아이: Spoon.	아이: 숟가락.
엄마: Yes! You need a spoon.	엄마: 그래! 숟가락이 필요해.

엄마: I hope you enjoy your cereal.	엄마: 시리얼 맛있게 먹길 바래. (실수하기)
아이: …	아이: (젓가락을 부정하는 아이)
엄마: Oops! I gave you chopsticks by mistake. What do you need instead?	엄마: 아이쿠! 내가 실수로 젓가락을 줬네. 대신 뭐가 필요하지?
아이: A spoon.	아이: 숟가락.
엄마: Yes! You need a spoon.	엄마: 그래! 숟가락이 필요해.

바보 흉내

"Should I put the sock on my hand?"

"양말을 손에 씌워야 하나?"

아이 앞에서 엉뚱한 소리를 하거나 우스꽝스러운 행동을 취하는 등 일부러 바보가 되어 보자. 신발 위에 양말을 신거나 칫솔로 머리를 빗고 위아래가 뒤집힌 채로 책을 읽어 보자. 아이는 분명 엄마의 엉뚱한 돌발 행동에 관심을 보이며 다가올 것이다. 바보 흉내는 유쾌한 분위기 속에서 아이와 즐거운 추억을 쌓는 동시에 말을 가르치는 전략이다. 아이가 나에게 온전히 집중한 그때, 미리 준비된 언어 표현을 제공해 주도록 하자. 바보 흉내 전략을 사용한 대화문을 1, 2, 3단계로 나눠 살펴보자.

양말을 손에 씌우거나 귀에 걸며 혼잣말을 해 보자. 양말을 어디에 씌워야 하는지 모르는 바보 흉내를 내며 아이와 대화를 나눠보자.

양말을 엉뚱한 곳에 씌우며 바보 흉내 내기

1단계

엄마: Sock.	엄마: 양말. (양말을 보여주며 명명하기)
On hand?	손에? (양말을 손에 씌우기, 바보 흉내)
아이: …	아이: (아이의 다양한 반응)
엄마: Sock.	엄마: 양말.
On ear?	귀에? (양말을 귀에 씌우기, 바보 흉내)
Where?	어디에?
Help me.	도와줘. (양말을 아이에게 건네기)
아이: …	아이: (엄마 발에 양말을 씌워주는 아이)
엄마: Ah ha! On foot.	엄마: 아하! 발에.

엄마: I have a sock.
    Put it on my hand?

아이: …

엄마: Put it on my ear?
    Where do I put it?
    I don't know.

아이: Foot.

엄마: Ah ha! Put it on my foot.

엄마: 내게 양말이 있어.
    손에 씌우는 걸까? (바보 흉내)

아이: (아이의 다양한 반응)

엄마: 귀에 씌우는 걸까? (바보 흉내)
    어디에 씌우지?
    모르겠어.

아이: 발.

엄마: 아하! 발에 씌워.

엄마: Where should I put my sock?

아이: …

엄마: Should I put it on my hand or
    on my ear?
    I don't know where I should put it.

아이: On your foot.

엄마: Ah ha! I should put it on my foot.

엄마: 양말을 어디에 씌워야 할까?

아이: (아이의 다양한 반응)

엄마: 손에 씌워야 해 아니면
    귀에 씌워야 해?
    어디에 씌워야 할지 모르겠어.

아이: 발에.

엄마: 아하! 발에 씌워야 하는 거구나.

09

상황 조작

"Could you help me open the bottle?"

"병뚜껑 여는 것 좀 도와줄래?"

아이와 상호작용을 주고받을 수 있도록 미리 상황을 조작하자. 아이 앞에서 뚜껑을 못 여는 척 연기를 하며 아이에게 병을 건넨 후 열어달라고 도움을 요청해 보자. 미리 물건을 의도한 곳에 일부러 갖다 놓도록 하자. 상황 조작은 엄마가 의도적으로 만든 상황 속으로 자연스럽게 아이를 끌어들인 후, 미리 준비된 언어 표현을 제공하면서 의미있는 대화를 나누는 전략이다. 상황 조작 전략을 사용한 대화문을 1, 2, 3단계로 나눠 살펴보자.

엄마가 병뚜껑을 열려고 한다. 하지만 뚜껑이 열리지 않아 답답하다. 먼저 문제가 되는 상황과 현재 느끼고 있는 엄마의 감정을 혼잣말로 말해 보자. 아이가 관심을 가지고 다가오면 자연스럽게 도움을 요청해 보자.

병 뚜껑을 열어달라고 부탁하기

1단계	
엄마: Lid.	엄마: 뚜껑. (뚜껑을 가리키기)
Too tight.	너무 꽉 껴 있어.
아이: …	아이: (아이의 다양한 반응)
엄마: I can't.	엄마: 할 수 없어. (상황 조작)
Help me.	도와줘.
Open bottle.	병 열어줘.
아이: …	아이: (병뚜껑을 열고 있는 아이)
엄마: Open. open. open.	엄마: 열어, 열어, 열어. (중계하기)
You did it!	해냈다!

2단계

엄마: This is the lid.	엄마: 이것은 뚜껑이야.
It is on too tight.	너무 꽉 껴 있어.
I can't open the bottle.	병을 열 수 없어. (상황 조작)
Can you help me?	날 도와주겠니?
아이: …	아이: (병뚜껑을 열고 있는 아이)
엄마: You opened it!	엄마: 네가 열었네!

3단계

엄마: The lid is on too tight	엄마: 뚜껑이 너무 꽉 껴서
so I can't get it off.	뺄 수가 없어. (상황조작)
아이: …	아이: (아이의 다양한 반응)
엄마: Can you help me open the bottle?	엄마: 병을 여는 것 좀 도와주겠니?
아이: …	아이: (병뚜껑을 열고 있는 아이)
엄마: You opened the bottle for me!	엄마: 날 위해 병뚜껑을 열어줬네!

모델링하기

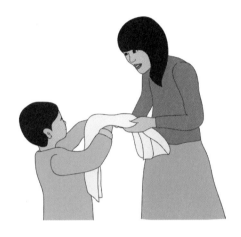

"Say you're welcome."

"천만에요라고 말해 봐."

아이는 엄마의 말을 듣고 배운다. 엄마의 말을 통해 감정을 표현하는 말, 상황을 묘사하는 말, 특정한 상황에서 해야 할 말이 무엇인지 습득하게 된다. 엄마가 상황에 알맞은 표현을 모델링해 준다면 아이는 무의식적으로 엄마의 말과 행동을 따라 하며 말을 배우게 된다. 따라서 아이에게 가르치고자 하는 말이 있다면, 쉽게 따라 말할 수 있도록 아이의 언어 수준에 맞는 말을 모델링해 주자. 모델링 전략이 사용된 대화문을 1, 2, 3단계로 나눠 살펴보자.

아이가 수건을 건네주면 엄마는 고맙다고 말한다. 이때 아이가 "천만에요"라고 대답할 수 있도록 모델링 전략을 사용해 표현을 가르쳐 보자.

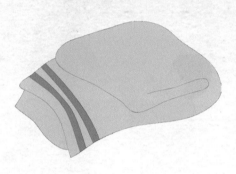

감사 표현에 대한 대답을 모델링하기

1단계

엄마: Towel. please.	엄마: 수건 주세요. (부탁하기)
아이: …	아이: (수건을 가져오는 아이)
엄마: Thank you.	엄마: 고마워. (아이의 반응을 기다리기)
아이: …	아이: (반응 없음)
엄마: Say "you're welcome."	엄마: '천만에요'라고 말해 봐. (모델링하기)
아이: You're welcome.	아이: 천만에요.

2단계

엄마: Bring me the towel.

아이: …

엄마: Thank you for the towel.

아이: …

엄마: I say "thank you."
You say…?

아이: …

엄마: Say "you're welcome."

아이: You're welcome.

엄마: 수건 가져와.

아이: (수건을 가져오는 아이)

엄마: 수건 고마워.

아이: (반응 없음)

엄마: 내가 '고마워'라고 말해.
너는 뭐라고 말해…? (완성하기)

아이: (반응 없음)

엄마: '천만에요'라고 말해 봐. (모델링하기)

아이: 천만에요.

3단계

엄마: Will you bring me the towel,
please?

아이: …

엄마: Thank you for bringing me
the towel.

아이: …

엄마: When I say "thank you,"
what should you say?

아이: …

엄마: You should say
"you're welcome."

아이: You're welcome.

엄마: 수건 좀 갖다 주겠니?

아이: (수건을 가져오는 아이)

엄마: 내게 수건을 가져와 줘서 고마워.

아이: (반응 없음)

엄마: 내가 '고마워'라고 말하면
넌 뭐라고 말해야 해?

아이: (반응 없음)

엄마: '천만에요'라고 말해야 해.
(모델링하기)

아이: 천만에요.

Chapter

5

일상생활
실전 표현

말을 가르치는 방법과 의사소통 전략 아이콘

명명하기

묘사하기

비교하기

표현하기

설명하기

지시하기

혼잣말하기

중계하기

확장하기

완성하기

반복하기

선택하기

실수하기

바보 흉내

상황 조작

모델링하기

단계별 언어의 특징

1단계	2단계	3단계
기본 낱말을 습득하는 단계	기본 문장을 구성하는 단계	문장을 확장하는 단계
한 단어, 두세 단어 조합	짧고 단순한 문장	수식어구가 포함된 긴 문장
관사 생략	단순 현재 시제 사용	다양한 시제 사용

세수하기

명명하기

욕실에서 세수를 하려고 한다. 이때 아이가 보고 만지고 있는 사물의
이름과 위치를 명명해 보자.

1단계

Soap. 비누. On soap dish. 비누 접시 위에.	Washcloth. 세수수건. On shelf. 선반에.	Mirror. 거울. On wall. 벽에.
Water. 물. In sink. 세면대 안에.	Towel. 수건. On towel bar. 수건걸이에.	Lotion. 로션. On face. 얼굴에.

2단계

This is soap.
이것은 비누야.
On the soap dish.
비누 접시 위에.

This is water.
이것은 물이야.
In the sink.
세면대 안에.

This is a washcloth.
이것은 세수수건이야.
On the shelf.
선반에.

This is a towel.
이것은 수건이야.
On the towel bar.
수건걸이에.

This is a mirror.
이것은 거울이야.
On the wall.
벽에.

This is lotion.
이것은 로션이야.
On my face.
내 얼굴에.

3단계

There is soap on the soap dish.

There is water in the sink.

There is a washcloth on the shelf.

There is a towel on the towel bar.

There is a mirror on the wall.

There is lotion on my face.

비누 접시 위에 비누가 있어.

세면대 안에 물이 있어.

선반에 세수수건이 놓여 있어.

수건걸이에 수건이 걸려 있어.

벽에 거울이 있어.

내 얼굴에 로션이 묻었어.

3단계 문장 쓰기 연습

우리말과 같은 뜻이 되도록 문장을 써보세요.

01 _____

비누 접시 위에 비누가 있어.

02 _____

세면대 안에 물이 있어.

03 _____

선반에 세수수건이 놓여 있어.

04 _____

수건걸이에 수건이 걸려 있어.

05 _____

벽에 거울이 있어.

06 _____

내 얼굴에 로션이 묻었어.

묘사하기

욕실에서 세수를 하고 있다. 이때 사용하는 사물의 특징을 묘사해 보자.

1단계

Slippery soap.
미끄러운 비누.

Wet soap.
젖은 비누.

Warm water.
따뜻한 물.

Clear water.
맑은 물.

Small washcloth.
작은 세수수건.

Dry washcloth.
마른 세수수건.

Clean towel.
깨끗한 수건.

Soft towel.
부드러운 수건.

Shiny mirror.
반짝거리는 거울.

Rectangular mirror.
직사각형 모양의 거울.

Creamy lotion.
크림 같은 로션.

Thick lotion.
걸쭉한 로션.

2단계

The soap is slippery.
비누는 미끄러워.
The soap is wet.
비누는 젖었어.

The water is warm.
물은 따뜻해.
The water is clear.
물은 맑아.

The washcloth is small.
세수수건은 작아.
The washcloth is dry.
세수수건은 말랐어.

The towel is clean.
수건은 깨끗해.
The towel is soft.
수건은 부드러워.

The mirror is shiny.
거울은 반짝거려.
The mirror is rectangular.
거울은 직사각형 모양이야.

The lotion is creamy.
로션은 크림 같아.
The lotion is thick.
로션은 걸쭉해.

3단계

The soap is slippery and wet.

The water is warm and clear.

The washcloth is small and dry.

The towel is clean and soft.

The mirror is shiny and rectangular.

The lotion is creamy and thick.

비누는 미끄럽고 젖었어.

물은 따뜻하고 맑아.

세수수건은 작고 말랐어.

수건은 깨끗하고 부드러워.

거울은 반짝거리고 직사각형 모양이야.

로션은 크림 같고 걸쭉해.

3단계 문장 쓰기 연습

우리말과 같은 뜻이 되도록 문장을 써보세요.

01 _____

비누는 미끄럽고 젖었어.

02 _____

물은 따뜻하고 맑아.

03 _____

세수수건은 작고 말랐어.

04 _____

수건은 깨끗하고 부드러워.

05 _____

거울은 반짝거리고 직사각형 모양이야.

06 _____

로션은 크림 같고 걸쭉해.

두 대상의 특징, 대상이 놓인 위치, 두 사람의 행동의 차이를 비교해
보자.

1단계

Clean towel.
깨끗한 수건.
Dirty towel.
더러운 수건.

Small washcloth.
작은 세수수건.
Big towel.
큰 수건.

Your lotion.
네 로션.
On nose.
코에.

My lotion.
내 로션.
On chin.
턱에.

You scrub.
너는 문질러 씻어.
With washcloth.
세수수건으로.

I pat.
나는 톡톡 두드려.
With towel.
수건으로.

2단계

This towel is clean.
이 수건은 깨끗해.
This towel is dirty.
이 수건은 더러워.

This washcloth is small.
이 세수수건은 작아.
This towel is big.
이 수건은 커.

You put on lotion.
너는 로션을 발라.
On your nose.
네 코에.

I put on lotion.
나는 로션을 발라.
On my chin.
내 턱에.

You scrub your face.
너는 네 얼굴을 문질러 씻어.
With the washcloth.
세수수건으로.

I pat my face.
나는 내 얼굴을 톡톡 두드려.
With the towel.
수건으로.

3단계

The towel on the bar is clean.
but the towel on the floor is dirty.

The washcloth is smaller than the towel.
The towel is bigger than the washcloth.

You put lotion on your nose.
but I put lotion on my chin.

You are scrubbing your face with the
washcloth. but I am patting my face
with the towel.

수건걸이에 걸려 있는 수건은 깨끗
하지만, 바닥에 놓인 수건은 더러워.

세수수건이 수건보다 더 작아.
수건이 세수수건보다 더 커.

너는 코에 로션을 발랐지만,
나는 턱에 로션을 발랐어.

너는 세수수건으로 얼굴을 문질러
씻고 있지만, 나는 수건으로 내 얼굴
을 톡톡 두드리고 있어.

3단계 문장 쓰기 연습

우리말과 같은 뜻이 되도록 문장을 써보세요.

01 _____

수건걸이에 걸려 있는 수건은 깨끗해.

02 _____

바닥에 놓인 수건은 더러워.

03 _____

세수수건이 수건보다 더 작아.

04 _____

수건이 세수수건보다 더 커.

05 _____

너는 세수수건으로 얼굴을 문질러 씻고 있어.

06 _____

나는 수건으로 내 얼굴을 톡톡 두드리고 있어.

표현하기

세수를 할 때 일어나는 여러 가지 상황과 느끼는 감정을 모델링을 통해 적절하게 표현해 보자.

1단계

Sticky face.
끈적끈적한 얼굴.
Wash.
씻어.
Need soap.
비누가 필요해.

Wet face.
젖은 얼굴.
Dry.
말려.
Want towel.
수건을 원해.

Scared.
무서워.
Soap in eyes.
눈 속에 비누.
Ouch!
아야!

2단계

My face is sticky.
얼굴이 끈적거려.
I wash my face.
나는 세수를 해.
I need soap.
나는 비누가 필요해.

My face is wet.
얼굴이 젖어 있어.
I dry my face.
나는 얼굴을 말려.
I want a towel.
나는 수건을 원해.

I am scared.
나는 무서워.
I get soap in my eyes.
눈 속에 비누가 들어가.
It hurts my eyes.
눈이 아파.

3단계

My face is sticky and dirty.	내 얼굴이 끈적끈적하고 더러워.
I need soap to wash my face.	나는 세수할 비누가 필요해.
My face is wet and dripping water.	내 얼굴은 젖어 있고 물이 뚝뚝 떨어지고 있어.
I want a towel to dry my face.	나는 얼굴을 말릴 수건을 원해.
I am scared that the soap will get in my eyes.	나는 비누가 눈 속에 들어갈까 봐 무서워.
The soap might hurt my eyes.	비누 때문에 눈이 아플지도 몰라.

3단계 문장 쓰기 연습

우리말과 같은 뜻이 되도록 문장을 써보세요.

01 _____

내 얼굴이 끈적끈적하고 더러워.

02 _____

나는 세수할 비누가 필요해.

03 _____

내 얼굴은 젖어 있고 물이 뚝뚝 떨어지고 있어.

04 _____

나는 얼굴을 말릴 수건을 원해.

05 _____

나는 비누가 눈 속에 들어갈까 봐 무서워.

06 _____

비누 때문에 눈이 아플지도 몰라.

세수를 할 때 사용하는 물건의 용도, 진행 순서, 지켜야 할 생활 수칙
에 대해서 설명해 보자.

1단계

Use soap.
비누를 사용해.

Wash face.
세수를 해.

Use towel.
수건을 사용해.

Dry face.
얼굴을 말려.

First, wet face.
먼저, 얼굴을 적셔.

Next, scrub face.
그런 다음, 얼굴을 문질러.

First, dry face.
먼저, 얼굴을 말려.

Next, hang up towel.
그런 다음, 수건을 걸어.

Wash.
씻어.

Behind ears.
귀 뒤.

Rinse face.
얼굴을 헹궈.

1, 2, 3 times.
한 번, 두 번, 세 번.

2단계

We use soap.
우리는 비누를 사용해.

We wash our face.
우리는 세수를 해.

We use a towel.
우리는 수건을 사용해.

We dry our face.
우리는 얼굴을 말려.

First, we wet our face.
먼저, 우리는 얼굴에 물을 적셔.

Next, we scrub our face.
그런 다음, 우리는 얼굴을 문질러.

First, we dry our face.
먼저, 우리는 얼굴을 말려.

Next, we hang up the towel.
그런 다음, 우리는 수건을 걸어.

We wash.
우리는 씻어.

Behind our ears.
귀 뒤를.

We rinse our face.
우리는 얼굴을 헹궈.

Several times.
여러 번.

3단계

We use soap to wash our face.
We use a towel to dry our face.

First, we wet our face with warm water.
Next, we scrub our face with a wash-cloth.

First, we dry our face with a towel.
Next, we hang up the towel on the bar.

We have to wash behind our ears, too.
We have to rinse our face several times.

우리는 세수하기 위해 비누를 사용해.
우리는 얼굴을 말리기 위해 수건을 사용해.

먼저, 우리는 따뜻한 물로 얼굴을 적셔.
그런 다음, 우리는 세수수건으로 얼굴을 문질러.

먼저, 우리는 수건으로 얼굴을 말려.
그런 다음, 우리는 수건을 수건걸이에 걸어.

우리는 귀 뒤도 씻어야 해.
우리는 얼굴을 여러 번 헹궈야 해.

3단계 문장 쓰기 연습

우리말과 같은 뜻이 되도록 문장을 써보세요.

01 _____

우리는 세수하기 위해 비누를 사용해.

02 _____

우리는 얼굴을 말리기 위해 수건을 사용해.

03 _____

우리는 세수수건으로 얼굴을 문질러.

04 _____

우리는 수건을 수건걸이에 걸어.

05 _____

우리는 귀 뒤도 씻어야 해.

06 _____

우리는 얼굴을 여러 번 헹궈야 해.

지시하기

세수할 때 필요한 물건을 가져오거나 사용 후 제자리에 갖다 놓도록 지시해 보자. 또한 특정한 행동을 하도록 지시해 보자.

1단계

Washcloth.
세수수건.
Find.
찾아.
Bring.
가져와.

Soap.
비누.
On soap dish.
비누 접시 위에.
Put on.
놓아.

Towel.
수건.
On towel bar.
수건걸이에.
Hang up.
걸어.

Help me.
도와줘.
Water on.
물 틀어.
Turn on.
틀어.

Water.
물.
On mirror.
거울에.
Wipe off.
닦아.

All done.
다했다.
Water off.
물 꺼.
Turn off.
꺼.

2단계

Find a washcloth.
세수수건을 찾아.
Bring it to me.
내게 가져와.

Put the soap there.
거기에 비누를 놓아.
On the soap dish.
비누 접시 위에.

Hang up the towel.
수건을 걸어.
On the towel bar.
수건걸이에.

Help me.
도와줘.
Turn on the water.
물을 틀어.

Wipe off the water.
물을 닦아.
On the mirror.
거울에.

All done.
다했어.
Turn off the water.
물을 꺼.

3단계

Find a washcloth and bring it to me, please.

Put the soap on the soap dish, please.

Hang up the towel on the towel bar, please.

Help me turn on the water, please.

Wipe off the water on the mirror, please.

When you are done, turn off the water, please.

세수수건을 찾아서 내게 가져다줘.

비누를 비누 접시에 올려 놓아줘.

수건걸이에 수건을 걸어줘.

물을 트는 것 좀 도와줘.

거울에 묻은 물을 닦아줘.

다 했으면 물을 꺼줘.

3단계 문장 쓰기 연습

우리말과 같은 뜻이 되도록 문장을 써보세요.

01 _____

세수수건을 찾아서 내게 가져다줘.

02 _____

비누를 비누 접시에 올려 놓아줘.

03 _____

수건걸이에 수건을 걸어줘.

04 _____

물을 트는 것 좀 도와줘.

05 _____

거울에 묻은 물을 닦아줘.

06 _____

다 했으면 물을 꺼줘.

엄마가 세수를 하고 있다. 엄마의 행동과 생각을 혼잣말로 이야기해
보자.

1단계

Washcloth. 세수수건.	My face. 내 얼굴.	Be gentle. 살살해.
Bring. 가져와.	Scrub. 문질러.	On skin. 피부에.
From shelf. 선반에서.	With washcloth. 세수수건으로.	Always. 항상
Washcloth. 세수수건.	Ouch! My face. 아야! 내 얼굴.	Washcloth. 세수수건.
Wet. 적셔.	Scrub. 문질러 씻어.	Hang up. 걸어.
With water. 물로.	Too hard. 너무 세게.	On hook. 고리에.

2단계

I bring the washcloth.
나는 세수수건을 가져와.
From the shelf.
선반에서.

I scrub my face.
나는 얼굴을 문질러 씻어.
With the washcloth.
세수수건으로.

Always be gentle.
살살해.
On my skin.
내 피부에.

I wet the washcloth.
나는 세수수건을 적셔.
With water.
물로.

Ouch! I scrub my face.
아야! 나는 얼굴을 문질러.
Too hard.
너무 세게.

I hang up the washcloth.
세수수건을 걸어.
On the hook.
고리에.

3단계

I brought the washcloth from the shelf.

I am wetting my washcloth with water.

I am scrubbing my face with the washcloth.

Ouch! It hurts.

I scrubbed my face too hard.

I should always be gentle on my skin.

I am going to hang up the washcloth on the hook.

내가 선반에서 세수수건을 가져왔어.

나는 물로 세수수건을 적시고 있어.

나는 세수수건으로 내 얼굴을 문지르고 있어.

아야! 아파.

내가 얼굴을 너무 세게 문질렀네.

나는 항상 피부를 살살 다뤄야 해.

나는 세수수건을 고리에 걸어둘 거야.

3단계 문장 쓰기 연습

우리말과 같은 뜻이 되도록 문장을 써보세요.

01 _____

내가 선반에서 세수수건을 가져왔어.

02 _____

나는 물로 세수수건을 적시고 있어.

03 _____

나는 세수수건으로 내 얼굴을 문지르고 있어.

04 _____

아야! 아파. 내가 얼굴을 너무 세게 문질렀네.

05 _____

나는 항상 피부를 살살 다뤄야 해.

06 _____

나는 세수수건을 고리에 걸어둘 거야.

중계하기

아이가 세수를 하고 있다. 아이의 행동과 생각을 마치 중계하듯 말해 보자.

1단계

Water on. 물 틀어.	Soap 비누 거품.	Wet face. 젖은 얼굴.
Turn on. 틀어.	Rub. 문질러.	Dry. 닦아.
You did it. 네가 해냈어.	All over. 전체에.	With towel. 수건으로.
Cold water. 찬물.	Your face. 네 얼굴.	Towel. 수건.
Splash. 뿌려.	Rinse. 헹궈.	Hang up. 걸어.
On face. 얼굴에.	With warm water. 따뜻한 물로.	On towel bar. 수건걸이에.

2단계

You turn on the water.
너는 물을 틀어.
On your own.
혼자서.

You splash cold water.
너는 찬물을 뿌려.
On your face.
네 얼굴에.

You rub soap.
너는 비누 거품을 문질러.
All over your face.
네 얼굴 전체에.

You rinse your face.
너는 얼굴을 헹궈.
With warm water.
따뜻한 물로.

You dry your wet face.
너는 젖은 얼굴을 닦아.
With the towel.
수건으로.

You hang up the towel.
너는 수건을 걸어.
On the towel bar.
수건걸이에.

3단계

You turned on the water on your own.

You are splashing cold water on your face.

You are rubbing soap all over your face.

You rinsed your face with warm water.

You are drying your wet face with the towel.

You are hanging up the towel
on the towel bar.

네가 혼자서 물을 틀었네.

너는 얼굴에 찬물을 뿌리고 있네.

너는 비누 거품을 네 얼굴 전체에
문지르고 있네.

너는 따뜻한 물로 얼굴을 헹궜네.

너는 수건으로 젖은 얼굴을 닦고 있네.

너는 수건걸이에 수건을 걸고 있네.

3단계 문장 쓰기 연습

우리말과 같은 뜻이 되도록 문장을 써보세요.

01 _____

네가 혼자서 물을 틀었네.

02 _____

너는 얼굴에 찬물을 뿌리고 있네.

03 _____

너는 비누 거품을 네 얼굴 전체에 문지르고 있네.

04 _____

너는 따뜻한 물로 얼굴을 헹궜네.

05 _____

너는 수건으로 젖은 얼굴을 닦고 있네.

06 _____

너는 수건걸이에 수건을 걸고 있네.

완성하기 | 모델링하기 | 반복하기 | 확장하기

아이와 거울을 들여다보는 상황이다. 아이에게 미완성된 표현을 완성하도록 유도해 보자.

1단계

엄마: Look! Your face.
　　　In mirror.
　　　What is this?
　　　Your…? /n/. /n/
아이: …
엄마: Say "nose."
아이: Nose.
엄마: Yes. Your nose.
　　　Your little nose.
아이: …
엄마: Wiggle, wiggle.

엄마: 봐! 네 얼굴. (함께 거울 보기)
　　　거울 속. (거울 가리키기)
　　　이건 뭐지? (아이의 코를 가리키기)
　　　너의…? /ㅋ/, /ㅋ/ (완성하기)
아이: (대답 없음)
엄마: "코"라고 말해봐. (모델링하기)
아이: 코.
엄마: 그래. 네 코. (반복하기, 확장하기)
　　　네 작은 코.
아이: (아이의 다양한 반응)
엄마: 씰룩씰룩. (아이의 코를 움직이기)

2단계

엄마: Look! I see your face.
　　　In the mirror.
　　　What is this?
　　　It is your…? /n/, /n/
아이: Nose.
엄마: Yes. It is your nose.
　　　It is your little nose.
아이: …
엄마: I wiggle your nose.
　　　Wiggle, wiggle.

엄마: 봐! 네 얼굴이 보여. (함께 거울 보기)
　　　거울 속에. (거울 가리키기)
　　　이건 뭐지? (아이의 코를 가리키기)
　　　그건 너의…? /ㅋ/, /ㅋ/ (완성하기)
아이: 코.
엄마: 그래. 그건 네 코야. (반복하기, 확장하기)
　　　그건 네 작은 코야. (확장하기)
아이: (아이의 다양한 반응)
엄마: 나는 네 코를 씰룩거려. (아이의 코를 움직이기)
　　　씰룩씰룩.

3단계

엄마: Look! I see your clean face
　　　in the mirror.
　　　This is your…?
아이: Nose.
엄마: Yes. It is your little nose.
　　　Your little nose is on your…?
아이: Face.
엄마: Yes. It is on your face.
　　　I am going to wiggle your nose.
　　　Wiggle, wiggle.

엄마: 봐! 거울 속에 네 깨끗한 얼굴이 보여.
　　　(함께 거울 보기)
　　　이것은 너의…? (완성하기)
아이: 코.
엄마: 그래. 그건 네 작은 코야. (반복, 확장)
　　　네 작은 코가 있어 너의…?
아이: 얼굴.
엄마: 그래. 네 얼굴에 있어.
　　　나는 네 코를 씰룩씰룩 움직일 거야.
　　　씰룩씰룩.

3단계 문장 쓰기 연습

우리말과 같은 뜻이 되도록 문장을 써보세요.

01 _____

거울 속에 네 깨끗한 얼굴이 보여.

02 _____

그건 네 작은 코야.

03 _____

네 작은 코가 얼굴에 있어.

04 _____

나는 네 코를 씰룩씰룩 움직일 거야.

선택하기 | 확장하기 | 반복하기

아이가 원하는 물의 온도를 선택해야 하는 상황이다. 차가운 물과 따뜻한 물 중 어떤 물로 세수하고 싶은지 선택하기 전략을 사용하여 대답을 유도해 보자.

1단계

엄마: Water on.	엄마: 물을 트네. (물을 트는 아이의 행동을 중계하기)
아이: …	아이: (아이의 다양한 반응)
엄마: Cold or warm?	엄마: 차가운 물 아니면 따뜻한 물? (선택하기)
아이: Warm.	아이: 따뜻한 물.

엄마: I see. Warm water.
      Want warm water.
	엄마: 그렇구나. 따뜻한 물. (반복하기)
	      따뜻한 물을 원하는구나. (확장하기)

아이: …	아이: (따뜻한 물로 세수하는 아이)

2단계

엄마: You turn on the water.

아이: …

엄마: Do you want cold water?
Or warm water?

아이: Warm.

엄마: I see. Warm water.
You want warm water.

아이: …

엄마: 너는 물을 트네. (아이의 행동을 중계)

아이: (아이의 다양한 반응)

엄마: 차가운 물을 원하니? (선택하기)
아니면 따뜻한 물을 원하니?

아이: 따뜻한 물.

엄마: 그렇구나. 따뜻한 물. (반복하기)
너는 따뜻한 물을 원하는구나. (반복, 확장)

아이: (따뜻한 물로 세수하는 아이)

3단계

엄마: You turned on the water.

아이: …

엄마: Do you want to wash your face
with cold water or warm water?

아이: Warm water.

엄마: I see. With warm water.
You want to wash your face
with warm water.

아이: …

엄마: 네가 물을 틀었네. (아이의 행동을 중계)

아이: (아이의 다양한 반응)

엄마: 차가운 물로 세수하고 싶니 아니면
따뜻한 물로 세수하고 싶니? (선택하기)

아이: 따뜻한 물.

엄마: 그렇구나. 따뜻한 물로. (반복하기)
너는 따뜻한 물로 세수하고 싶구나.
(확장하기)

아이: (따뜻한 물로 세수하는 아이)

3단계 문장 쓰기 연습

우리말과 같은 뜻이 되도록 문장을 써보세요.

01 _____

네가 물을 틀었네.

02 _____

차가운 물로 세수하고 싶니 아니면 따뜻한 물로 세수하고 싶니?

03 _____

너는 따뜻한 물로 세수하고 싶구나.

엄마가 실수로 세면대에서 불을 틀자고 말했다. 실수를 바로 잡으며
다양한 표현을 제공해 주자.

1단계

엄마: Wash face. 　　　With fire. 　　　Fire on. 아이: … 엄마: Oh, silly me! 　　　Not fire! 　　　Wash face. 　　　With…? /w/, /w/ 아이: Water. 엄마: Yes. With water. 　　　Wash face. 　　　With water.	엄마: 얼굴을 씻어. 　　　불로. 　　　불을 틀어. (실수하기) 아이: (아이의 다양한 반응) 엄마: 어머, 나 왜 이러지! 　　　불이 아니야! 　　　얼굴을 씻어. 　　　뭘로…? /ㅁ/, /ㅁ/ (완성하기, 물을 가리키기) 아이: 물. 엄마: 그래. 물로. (확장하기) 　　　얼굴을 씻어. (설명하기) 　　　물로.

2단계

엄마: Time to wash.

We wash our face.

We turn on the fire.

아이: …

엄마: Oh, silly me!

We can't wash.

With fire.

We can wash.

With …?

아이: Water.

엄마: Yes. With water.

We wash our face.

With water.

엄마: 씻을 시간.

우리는 얼굴을 씻어.

우리는 불을 틀어. (실수하기)

아이: (아이의 다양한 반응)

엄마: 어머, 나 왜 이러지!

우리는 씻을 수 없어. (설명하기)

불로.

우리는 씻을 수 있어.

뭘로 …? (완성하기)

아이: 물.

엄마: 그래. 물로. (확장하기)

우리는 얼굴을 씻어. (설명하기)

물로.

3단계

엄마: It is time to wash our face.

Why don't we turn on the fire?

아이: …

엄마: Oh, silly me!

We can't wash our face with fire.

We wash our face with…?

아이: Water.

엄마: Yes.

We wash our face with water.

엄마: 세수할 시간이야.

불을 트는 게 어때? (실수하기)

아이: (아이의 다양한 반응)

엄마: 어머, 나 왜 이러지!

우리는 불로 세수를 할 수 없어. (설명하기)

우리는 세수를 해…뭘로? (완성하기)

아이: 물.

엄마: 그래.

우리는 물로 세수를 해. (확장하기)

3단계 문장 쓰기 연습

우리말과 같은 뜻이 되도록 문장을 써보세요.

01 _____

세수할 시간이야.

02 _____

불을 트는 게 어때?

03 _____

우리는 불로 세수를 할 수 없어.

04 _____

우리는 물로 세수를 해.

바보흉내

욕실 세면대 위에 주스 한 컵을 미리 놓아두자. 주스로 세수를 하거나 로션처럼 얼굴에 바르는 등 엉뚱한 말과 행동을 하며 다양한 표현을 제공해 주자.

1단계

엄마: Juice.	엄마: 주스. (세면대 위에 있는 주스를 가리키기)
On sink.	세면대 위에.
Wash face?	얼굴을 씻어? (바보 흉내)
아이: …	아이: (아이의 다양한 반응)
엄마: On face?	엄마: 얼굴에? (바보 흉내)
Like lotion?	로션처럼? (주스를 찍어 얼굴에 살짝 바르기)
아이: …	아이: (아이의 다양한 반응)
엄마: I don't know.	엄마: 모르겠어.
Help me.	도와줘.
아이: …	아이: (주스를 마시는 행동을 하거나 설명하는 아이)
엄마: Ah ha! Drink.	엄마: 아하! 마셔.
Drink juice.	주스를 마셔.

2단계

엄마: There is juice.
On the sink.
I wash my face.
With juice.

아이: …

엄마: I put on juice.
Like lotion.

아이: …

엄마: I don't know.
Tell me what to do.

아이: Drink.

엄마: Oh! I see.
We drink juice.

엄마: 주스가 있어. (세면대 위에 있는 주스를 가리키기)
세면대 위에.
얼굴을 씻어.
주스로. (바보 흉내)

아이: (아이의 다양한 반응)

엄마: 주스를 발라. (바보 흉내)
로션처럼. (주스를 찍어 얼굴에 살짝 바르기)

아이: (아이의 다양한 반응)

엄마: 모르겠어.
뭘 해야 할지 말해줘.

아이: 마셔요.

엄마: 오! 그렇구나.
우리는 주스를 마셔.

3단계

엄마: There is a glass of juice on the sink.
I am going to wash my face
with juice.

아이: …

엄마: How about putting it on like lotion?

아이: …

엄마: I don't know.
Could you tell me what to do?

아이: Drink juice.

엄마: Oh! I see. We drink juice.

엄마: 세면대 위에 주스 한 컵이 있네.
나는 주스로 세수를 할 거야.
(혼잣말하기)

아이: (아이의 다양한 반응)

엄마: 주스를 로션처럼 바르는 것은 어때?

아이: …

엄마: 모르겠네.
뭘 해야 할지 말해 줄래?

아이: 주스를 마셔요.

엄마: 오! 그렇구나! 우리는 주스를 마셔.

3단계 문장 쓰기 연습

우리말과 같은 뜻이 되도록 문장을 써보세요.

01 _____

세면대 위에 주스 한 컵이 있네.

02 _____

나는 주스로 세수를 할 거야.

03 _____

주스를 로션처럼 바르는 것은 어때?

04 _____

뭘 해야 할지 말해 줄래?

05 _____

우리는 주스를 마셔.

상황조작

일부러 비누를 바닥에 떨어트린 후 아이에게 주워달라고 도움을 요청해 보자. 아이가 주목할 만한 상황을 연출하며 다양한 표현을 제공해 보자.

1단계

엄마: Slippery soap.	엄마: 미끄러운 비누. (비누를 엄마 손 위에 올려놓기)
아이: …	아이: (아이의 다양한 반응)
엄마: Oops!	엄마: 아이쿠! (상황조작. 비누를 일부러 떨어뜨리기)
My soap.	내 비누.
Slip.	미끄러져.
Help me.	도와줘.
아이: …	아이: (비누를 줍는 아이)
엄마: Pick up.	엄마: 줍네. (아이의 행동을 중계하기)
Give back.	다시 주네. (엄마의 손 위에 비누를 올려 놓는 아이)
Thank you.	고마워.

2단계

엄마: The soap is slippery.

아이: …

엄마: Oops!

　　　The soap slipped.

　　　Can you help me?

아이: …

엄마: You pick it up.

　　　You give it back.

　　　To me.

아이: …

엄마: Thank you.

엄마: 비누가 미끄러워. (비누를 엄마 손 위에 올려놓기)

아이: (아이의 다양한 반응)

엄마: 아이쿠! (상황조작, 비누를 일부러 떨어뜨리기)

　　　비누가 미끄러졌어.

　　　도와줄래?

아이: (비누를 줍는 아이)

엄마: 네가 줍네. (아이의 행동을 중계하기)

　　　네가 돌려주네.

　　　내게.

아이: (아이의 다양한 반응)

엄마: 고마워.

3단계

엄마: Look how slippery the soap is!

아이: …

엄마: Oops!

　　　The soap slipped out of my hand.

　　　Could you pick up the soap and

　　　give it back to me?

아이: …

엄마: You picked up the soap for me.

　　　Thank you for your help.

엄마: 비누가 얼마나 미끄러운지 봐!

아이: (아이의 다양한 반응)

엄마: 아이쿠!

　　　(상황조작, 비누를 일부러 떨어뜨리기)

　　　비누가 손에서 미끄러졌어.

　　　비누를 주워서 내게 다시 줄 수 있겠니?

아이: (비누를 줍는 아이)

엄마: 네가 나 대신에 비누를 주웠구나.

　　　도와줘서 고마워.

3단계 문장 쓰기 연습

우리말과 같은 뜻이 되도록 문장을 써보세요.

01 _____

비누가 얼마나 미끄러운지 봐!

02 _____

비누가 손에서 미끄러졌어.

03 _____

비누를 주워서 내게 다시 줄 수 있겠니?

04 _____

네가 나 대신에 비누를 주웠구나.

05 _____

도와줘서 고마워.

이 닦기

명명하기

욕실에서 이를 닦으려고 한다. 이때 아이가 보고 만지고 있는 사물의
이름과 위치를 명명해 보자.

1단계

Toothbrush.
칫솔.
In holder.
칫솔꽂이 안에.

Toothpaste.
치약.
In drawer.
서랍 안에.

Floss.
치실.
On shelf.
선반 위에.

Cup.
컵.
On sink.
세면대 위에.

Mouthwash.
구강 청결제.
In bottle.
병 안에.

*Sugar bugs.
설탕 벌레들.
In between teeth.
이 사이에.

---

* sugar bugs(설탕 벌레들)란 치아에 들러붙어 있는 플라그(치태)를 의미합니다.

2단계

This is a toothbrush.
이것은 칫솔이야.
In the holder.
칫솔꽂이 안에.

This is floss.
이것은 치실이야.
On the shelf.
선반 위에.

This is mouthwash.
이것은 구강 청결제야.
In the bottle.
병 안에.

This is toothpaste.
이것은 치약이야.
In the drawer.
서랍 안에.

This is a cup.
이것은 컵이야.
On the sink.
세면대 위에.

These are sugar bugs.
이것들은 설탕 벌레들이야.
In between my teeth.
내 이 사이에.

3단계

There is a toothbrush in the holder.

There is toothpaste in the drawer.

There is floss on the shelf.

There is a cup on the sink.

There is mouthwash in the bottle.

There are sugar bugs in between my teeth.

칫솔꽂이 안에 칫솔이 있어.

서랍 안에 치약이 있어.

선반 위에 치실이 있어.

세면대 위에 컵이 있어.

병 안에 구강 청결제가 있어.

내 이 사이에 설탕 벌레들이 있어.

3단계 문장 쓰기 연습

우리말과 같은 뜻이 되도록 문장을 써보세요.

01 _____

칫솔꽂이 안에 칫솔이 있어.

02 _____

서랍 안에 치약이 있어.

03 _____

선반 위에 치실이 있어.

04 _____

세면대 위에 컵이 있어.

05 _____

병 안에 구강 청결제가 있어.

06 _____

내 이 사이에 설탕 벌레들이 있어.

묘사하기

욕실에서 이를 닦고 있다. 이때 사용하는 사물의 특징을 묘사해 보자.

1단계

New toothbrush.
새 칫솔.

Yellow toothbrush.
노란색 칫솔.

Sweet toothpaste.
달콤한 치약.

Sticky toothpaste.
끈적끈적한 치약.

White floss.
하얀색 치실.

Long floss.
긴 치실.

Small cup.
작은 컵.

Plastic cup.
플라스틱 컵.

Pink mouthwash.
핑크색 구강 청결제.

Refreshing mouthwash.
상쾌한 구강 청결제.

Tiny sugar bugs.
아주 작은 설탕 벌레들.

Naughty sugar bugs.
얄미운 설탕 벌레들.

2단계

The toothbrush is new.
칫솔은 새 거야.
The toothbrush is yellow.
칫솔은 노란색이야.

The toothpaste is sweet.
치약은 달콤해.
The toothpaste is sticky.
치약은 끈적끈적해.

The floss is white.
치실은 하얀색이야.
The floss is long.
치실은 길어.

The cup is small.
컵은 작아.
The cup is plastic.
컵은 플라스틱이야.

The mouthwash is pink.
구강 청결제는 핑크색이야.
The mouthwash is
refreshing.
구강 청결제는 상쾌해.

The sugar bugs are tiny.
설탕 벌레들은 아주 작아.
The sugar bugs are
naughty.
설탕 벌레들은 알미워.

3단계

The toothbrush is new and yellow.

The toothpaste is sweet and sticky.

The floss is white and long.

The cup is small and plastic.

The mouthwash is pink and refreshing.

The sugar bugs are tiny and naughty.

칫솔은 새것이고 노란색이야.

치약은 달콤하고 끈적끈적해.

치실은 하얀색이고 길어.

컵은 작고 플라스틱이야.

구강 청결제는 핑크색이고 상쾌해.

설탕 벌레들은 아주 작고 알미워.

3단계 문장 쓰기 연습

우리말과 같은 뜻이 되도록 문장을 써보세요.

01 _____

칫솔은 새것이고 노란색이야.

02 _____

치약은 달콤하고 끈적끈적해.

03 _____

치실은 하얀색이고 길어.

04 _____

컵은 작고 플라스틱이야.

05 _____

구강 청결제는 핑크색이고 상쾌해.

06 _____

설탕 벌레들은 아주 작고 얄미워.

비교하기

두 대상의 특징, 대상이 놓인 위치, 두 사람의 행동의 차이를 비교해 보자.

1단계

New toothbrush.
새 칫솔.
Used toothbrush.
사용한 칫솔.

Nice breath.
좋은 입냄새.
Bad breath.
나쁜 입냄새.

Your toothpaste.
네 치약.
In drawer.
서랍 안에.

My toothpaste.
내 치약.
On sink.
세면대 위에.

You floss.
너는 치실질을 해.
At sink.
세면대에서.

I spit.
나는 뱉어.
Into sink.
세면대에.

2단계

This toothbrush is new.
이 칫솔은 새 거야.

This toothbrush is used.
이 칫솔은 사용한 거야.

You have nice breath.
너는 입냄새가 좋아.

I have bad breath.
나는 입냄새가 나빠.

This is your toothpaste.
이것은 네 치약이야.

In the drawer.
서랍 안에.

This is my toothpaste.
이것은 내 치약이야.

On the sink.
세면대 위에.

You floss your teeth.
너는 치실질을 해.

At the sink.
세면대에서.

I spit my toothpaste.
나는 치약을 뱉어.

Into the sink.
세면대에.

3단계

This toothbrush is new, but
this toothbrush is used.

이 칫솔은 새것이지만
이 칫솔은 사용한 거야.

You have nice breath, but
I have bad breath.

너는 입냄새가 좋지만,
나는 입냄새가 나빠.

Your toothpaste is in the drawer, but
my toothpaste is on the sink.

네 치약은 서랍 안에 있지만,
내 치약은 세면대 위에 있어.

You are flossing at the sink, and
I am spitting into the sink.

너는 세면대에서 치실질을 하고 있고,
나는 세면대에 (치약을) 뱉고 있어.

3단계 문장 쓰기 연습

우리말과 같은 뜻이 되도록 문장을 써보세요.

01 _____

　　이 칫솔은 새것이지만, 이 칫솔은 사용한 거야.

02 _____

　　너는 입냄새가 좋지만, 나는 입냄새가 나빠.

03 _____

　　네 치약은 서랍 안에 있어.

04 _____

　　내 치약은 세면대 위에 있어.

05 _____

　　너는 세면대에서 치실질을 하고 있어.

06 _____

　　나는 세면대에 (치약을) 뱉고 있어.

표현하기

이를 닦을 때 일어나는 여러 가지 상황과 느끼는 감정을 모델링을 통해 적절하게 표현해 보자.

1단계

No cup. 컵이 없어.	Don't like. 싫어.	Fresh. 상쾌해.
Can't rinse. 헹굴 수 없어.	This toothpaste. 이 치약.	Look! 봐!
Need cup. 컵이 필요해.	Want strawberry. 딸기(치약)를 원해.	Shiny teeth. 반짝이는 이.

2단계

There is no cup.
컵이 없어.

I can't rinse my mouth.
입을 헹굴 수 없어.

I need a cup.
컵이 필요해.

I don't like this toothpaste.
이 치약이 싫어.

I don't like this flavor.
이 치약 맛이 싫어.

I want strawberry.
나는 딸기(치약)를 원해.

I feel fresh.
상쾌해.

Look at my teeth.
내 이를 봐.

They look shiny.
반짝반짝 빛나 보여.

3단계

The cup is missing. I can't find it anywhere.

I need a cup to rinse my mouth.

I don't like this flavor of toothpaste.

I want the strawberry one.

I feel fresh after I brush my teeth.

Look at my shiny teeth!

컵이 없어졌어. 아무리 찾아도 없어.

나는 입을 헹굴 컵이 필요해.

이 치약 맛이 별로야.

나는 딸기맛 치약을 원해.

이를 닦고 나니 상쾌해.

내 반짝이는 이를 봐!

3단계 문장 쓰기 연습

우리말과 같은 뜻이 되도록 문장을 써보세요.

01 _____

컵이 없어졌어. 아무리 찾아도 없어.

02 _____

나는 입을 헹굴 컵이 필요해.

03 _____

이 치약 맛이 별로야.

04 _____

나는 딸기맛 치약을 원해.

05 _____

이를 닦고 나니 상쾌해.

06 _____

내 반짝이는 이를 봐!

설명하기

이를 닦을 때 사용하는 물건의 용도, 진행 순서, 지켜야 할 생활 수칙에 대해서 설명해 보자.

1단계

Use toothpaste. 치약을 사용해. Clean teeth. 이를 깨끗이 해.	Wake up. 일어나. Brush teeth. 이를 닦아.	Brush teeth. 이를 닦아. 2 minutes. 2 분.
Use floss. 치실을 사용해. Clean between teeth. 이 사이를 깨끗이 해.	Brush teeth. 이를 닦아. Go to bed. 자러 가.	Corner. corner. 구석, 구석. Rinse well. 잘 헹궈.

2단계

We use toothpaste.
우리는 치약을 사용해.
We clean our teeth.
우리는 이를 깨끗이 해.

We wake up.
우리는 일어나.
We brush our teeth.
우리는 이를 닦아.

We brush our teeth.
우리는 이를 닦아.
For 2 minutes.
2분 동안.

We use floss.
우리는 치실을 사용해.
We clean between
our teeth.
우리는 이 사이를 깨끗이 해.

We brush our teeth.
우리는 이를 닦아.
We go to bed.
우리는 자러 가.

We get all the corners.
우리는 구석구석 닦아.
We rinse well.
우리는 잘 헹궈.

3단계

We use toothpaste when we brush our teeth.

We use floss when we clean between
our teeth.

When we wake up, we brush our teeth.

We brush our teeth before we go to bed.

We have to brush our teeth for 2 minutes.

We have to get all the corners and rinse well.

우리는 이를 닦을 때 치약을 사용해.

우리는 이 사이를 깨끗이 할 때
치실을 사용해.

우리는 일어나면 이를 닦아.

우리는 자러 가기 전에 이를 닦아.

우리는 2분 동안 이를 닦아야 해.

우리는 구석구석 닦고 잘 헹궈야 해.

3단계 문장 쓰기 연습

우리말과 같은 뜻이 되도록 문장을 써보세요.

01 _____

우리는 이를 닦을 때 치약을 사용해.

02 _____

우리는 이 사이를 깨끗이 할 때 치실을 사용해.

03 _____

우리는 일어나면 이를 닦아.

04 _____

우리는 자러 가기 전에 이를 닦아.

05 _____

우리는 2분 동안 이를 닦아야 해.

06 _____

우리는 구석구석 닦고 잘 헹궈야 해.

지시하기

이를 닦을 때 필요한 물건을 가져오거나 사용 후 제자리에 갖다 놓도록 지시해 보자. 또한 특정한 행동을 하도록 지시해 보자.

1단계

Your floss.
네 치실.
Bring.
가져와.
From drawer.
서랍에서.

Your toothpaste.
네 치약.
Squeeze .
짜내.
Tiny amount.
아주 적은 양.

Your toothbrush.
네 칫솔.
Rinse.
헹궈.
Under running water.
흐르는 물에.

Your toothbrush.
네 칫솔.
Stand.
세워.
In holder.
칫솔꽂이에.

Your hands.
네 손.
Cup.
(컵 모양으로) 모아.
Under faucet.
수도꼭지 아래에.

Your mouth.
네 입.
Wipe.
닦아.
With towel.
수건으로.

2단계

Bring your floss.
네 치실을 가져와.
From the drawer.
서랍에서.

Stand your toothbrush.
네 칫솔을 세워.
In the holder.
칫솔꽂이에.

Squeeze toothpaste.
치약을 짜.
A tiny amount.
아주 적은 양.

Cup your hands.
두 손을 모아.
Under the faucet.
수도꼭지 아래에.

Rinse your toothbrush.
칫솔을 헹궈.
Under running water.
흐르는 물에.

Wipe your mouth.
네 입을 닦아.
With the towel.
수건으로.

3단계

Bring your floss from the bottom drawer, please.

맨 아래 서랍에서 네 치실을 가져와줘.

Squeeze out a tiny amount of toothpaste, please.

아주 적은 양의 치약을 짜줘.

Rinse your toothbrush under running water, please.

흐르는 물에 칫솔을 헹궈줘.

Stand your toothbrush upright in the holder, please.

칫솔꽂이에 네 칫솔을 똑바로 세워줘.

Cup your hands under the faucet, please.

수도꼭지 아래에 두 손을 모아줘.

Wipe your mouth with the towel, please.

수건으로 네 입을 닦아 봐.

3단계 문장 쓰기 연습

우리말과 같은 뜻이 되도록 문장을 써보세요.

01 _____

맨 아래 서랍에서 네 치실을 가져와줘.

02 _____

아주 적은 양의 치약을 짜줘.

03 _____

흐르는 물에 칫솔을 헹궈줘.

04 _____

칫솔꽂이에 네 칫솔을 똑바로 세워줘.

05 _____

수도꼭지 아래에 두 손을 모아줘.

06 _____

수건으로 네 입을 닦아 봐.

혼잣말하기

엄마가 이를 닦고 있다. 엄마의 행동과 생각을 혼잣말로 이야기해 보자.

1단계

My floss.
내 치실.
Slide.
움직여.
Up. down.
위, 아래.

My tongue.
내 혀.
Brush.
닦아.
With toothbrush.
칫솔로.

My toothbrush.
내 칫솔.
Wet.
적셔.
Under faucet.
수도꼭지 아래에.

Water.
물.
Sip.
한 모금 마셔.
From cup.
컵에서.

My toothpaste.
내 치약.
Squeeze.
짜내.
Uh oh! Too much.
이런! 너무 많아.

My toothbrush.
내 칫솔.
Shake.
흔들어.
Dry.
말려.

2단계

I slide my floss.
나는 내 치실을 움직여.

Up and down.
위로 아래로.

I brush my tongue.
나는 내 혀를 닦아.

With my toothbrush.
내 칫솔로.

I wet my toothbrush.
나는 칫솔을 적셔.

Under the faucet.
수도꼭지 아래에.

I drink water.
나는 물을 마셔.

From the cup.
컵에서.

I squeeze my toothpaste.
나는 치약을 짜내.

I squeeze it too hard.
나는 너무 세게 짜내.

I shake my toothbrush.
나는 내 칫솔을 흔들어.

I dry my toothbrush.
나는 내 칫솔을 말려.

3단계

I am sliding the floss up and down.

I am wetting my toothbrush
under the faucet.

Uh oh! I squeezed out too much
toothpaste.

I brushed my tongue with my toothbrush.

I am going to take a sip of water.

I am shaking my toothbrush to dry it.

나는 치실을 위아래로 움직이고 있어.

나는 수도꼭지 아래에서 칫솔을
적시고 있어.

이런! 내가 치약을 너무 많이 짰네.

나는 칫솔로 혀를 닦았어.

나는 물 한 모금을 마실 거야.

나는 칫솔을 말리기 위해 흔들고 있어.

3단계 문장 쓰기 연습

우리말과 같은 뜻이 되도록 문장을 써보세요.

01 _____

나는 치실을 위아래로 움직이고 있어.

02 _____

나는 수도꼭지 아래에서 칫솔을 적시고 있어.

03 _____

이런! 내가 치약을 너무 많이 짰네.

04 _____

나는 칫솔로 혀를 닦았어.

05 _____

나는 물 한 모금을 마실 거야.

06 _____

나는 칫솔을 말리기 위해 흔들고 있어.

중계하기

아이가 이를 닦고 있다. 아이의 행동과 생각을 마치 중계하듯 말해 보자.

1단계

Your toothbrush.
네 칫솔.
Take out.
꺼내.
From holder.
칫솔꽂이에서.

Your teeth.
네 이.
Brush.
닦아.
Left, right.
왼쪽, 오른쪽.

Your teeth.
네 이.
Brush.
닦아.
Up, down.
위로, 아래로.

Your teeth.
네 이.
Brush.
닦아.
Back, forth.
뒤로, 앞으로.

Your toothpaste.
네 치약.
Spit.
뱉어.
Into sink.
세면대에.

Your water.
네 물.
Swish.
굴려.
In mouth.
입 안에서.

2단계

You take out your
toothbrush.
너는 칫솔을 꺼내.
From the holder.
칫솔꽂이에서.

You brush your teeth.
너는 이를 닦아.
You go left and right.
너는 왼쪽 오른쪽으로 움직여.

You brush your teeth.
너는 이를 닦아.
You go up and down.
너는 위아래로 움직여.

You brush your teeth.
너는 이를 닦아.
You go back and forth.
너는 앞뒤로 움직여.

You spit out your tooth-
paste.
너는 치약을 뱉어.
Into the sink.
세면대에.

You swish around
water.
너는 물을 굴리네.
In your mouth.
네 입 안에서.

3단계

You took out your toothbrush
from the holder.

네가 칫솔꽂이에서 네 칫솔을 꺼냈네.

You are brushing your teeth
left and right.

너는 왼쪽 오른쪽으로 네 이를 닦고 있네.

You are brushing your teeth
up and down.

너는 위아래로 네 이를 닦고 있네.

You are brushing your teeth
back and forth.

너는 앞뒤로 네 이를 닦고 있네.

You spat out your toothpaste
into the sink.

너는 세면대에 네 치약을 뱉었네.

You are swishing around water
in your mouth.

너는 입 안에서 물을 굴리고 있네.

3단계 문장 쓰기 연습

우리말과 같은 뜻이 되도록 문장을 써보세요.

01 _____

네가 칫솔꽂이에서 네 칫솔을 꺼냈네.

02 _____

너는 왼쪽 오른쪽으로 네 이를 닦고 있네.

03 _____

너는 위아래로 네 이를 닦고 있네.

04 _____

너는 앞뒤로 네 이를 닦고 있네.

05 _____

너는 세면대에 네 치약을 뱉었네.

06 _____

너는 입 안에서 물을 굴리고 있네.

완성하기 | 모델링하기 | 반복하기 | 확장하기

이를 닦기 위해 치약을 짜려고 하는 상황이다. 아이에게 미완성된 표현을 완성하도록 유도해 보자.

1단계

엄마: Look! Squeeze. 　　　 Squeeze…? /t/. /t/ 아이: … 엄마: Say "toothpaste." 아이: Toothpaste. 엄마: Yes. Toothpaste. 　　　 Squeeze toothpaste. 　　　 Say "want toothpaste." 아이: Want toothpaste. 엄마: Here you are!	엄마: 봐! 짜내. (치약을 짜는 시늉을 하는 엄마) 　　　 짜내, 무엇을…? /치/. /치/ (완성하기, 치약을 가리키기) 아이: (대답 없음) 엄마: "치약"이라고 말해 봐. (모델링하기) 아이: 치약. 엄마: 그래, 치약. (반복하기) 　　　 치약을 짜내. (반복하기, 확장하기) 　　　 "치약을 원해요"라고 말해 봐. (모델링하기) 아이: 치약을 원해요. 엄마: 여기 있어! (아이 칫솔에 치약 짜주기)

2단계

엄마: Look! I squeeze the⋯?
아이: Toothpaste.
엄마: Yes. The toothpaste.
　　　I squeeze the toothpaste.
　　　Say "I want toothpaste."
아이: I want toothpaste.
엄마: Here you are!

엄마: 봐! 나는 짜내, 무엇을⋯? (완성하기)
아이: 치약.
엄마: 그래. 치약. (반복하기)
　　　나는 치약을 짜내. (확장하기)
　　　"나는 치약을 원해요"라고 말해 봐. (모델링하기)
아이: 나는 치약을 원해요.
엄마: 여기 있어! (아이 칫솔에 치약 짜주기)

3단계

엄마: Look! I am going to squeeze the⋯?
아이: Toothpaste.
엄마: Yes. Squeeze the toothpaste.
　　　I am going to squeeze it.
　　　If you want toothpaste,
　　　what do you say?
아이: Toothpaste, please.
엄마: Good! You could also say
　　　"I want toothpaste, please."
아이: I want toothpaste, please.
엄마: Thanks for saying it.
　　　Here you are!

엄마: 봐! 나는 짜낼 거야, 무엇을⋯? (완성)
아이: 치약.
엄마: 그래. 치약을 짜내. (반복하기)
　　　나는 치약을 짜낼 거야. (확장하기)
　　　치약을 원한다면,
　　　뭐라고 말하지?
아이: 치약 주세요.
엄마: 좋아! 또한 "치약을 원해요."라고
　　　말할 수도 있어. (모델링하기)
아이: 치약을 원해요.
엄마: 말해 줘서 고마워.
　　　여기 있어! (아이 칫솔에 치약 짜주기)

3단계 문장 쓰기 연습

우리말과 같은 뜻이 되도록 문장을 써보세요.

01 _____

나는 치약을 짜낼 거야.

02 _____

치약을 원한다면, 뭐라고 말하지?

03 _____

또한 "치약을 원해요"라고 말할 수도 있어.

04 _____

말해 줘서 고마워.

선택하기 | 확장하기 | 반복하기

아이가 원하는 칫솔을 선택해야 하는 상황이다. 공주님 칫솔과 아기 토끼 칫솔 중 어떤 칫솔을 원하는지 선택하기 전략을 사용하여 대답을 유도해 보자.

1단계

엄마: Two toothbrushes. 아이: … 엄마: Which one? 　　　Princess or bunny? 아이: Princess. 엄마: I see. Princess toothbrush. 　　　Want princess toothbrush. 　　　Here you are.	엄마: 칫솔 두 개. (칫솔 두 개를 보여주기) 아이: (아이의 다양한 반응) 엄마: 어떤 것? 　　　공주님 아니면 아기 토끼? (선택하기) 아이: 공주님. 엄마: 그렇구나. 공주님 칫솔. (반복하기) 　　　공주님 칫솔을 원하는구나. (확장하기) 　　　여기 있어.

2단계

엄마: I have two toothbrushes.

아이: …

엄마: Which one do you want?
Do you want the princess?
Or the bunny?

아이: Princess.

엄마: I see.
The princess toothbrush.
You want the princess toothbrush.
Here you are.

엄마: 내게 두 개의 칫솔이 있어.

아이: (아이의 다양한 반응)

엄마: 어떤 것을 원하니?
공주님을 원하니? (선택하기)
아니면 토끼를 원하니?

아이: 공주님.

엄마: 그렇구나.
공주님 칫솔. (반복하기)
너는 공주님 칫솔을 원하는구나. (확장하기)
여기 있어.

3단계

엄마: I have two toothbrushes.

아이: …

엄마: Which one do you want to use?
Do you want the princess one or
the bunny one?

아이: Princess one.

엄마: I see. The princess one.
You want to use the princess
toothbrush.
Here you are.

엄마: 내게 두 개의 칫솔이 있어.

아이: (아이의 다양한 반응)

엄마: 어떤 것을 사용하고 싶니?
공주님 칫솔을 원하니 아니면 아기 토끼
칫솔을 원하니? (선택하기)

아이: 공주님 칫솔.

엄마: 그렇구나. 공주님 칫솔. (반복하기)
너는 공주님 칫솔을 사용하고 싶구나.
(확장하기)
여기 있어. (아이에게 칫솔 건네주기)

3단계 문장 쓰기 연습

우리말과 같은 뜻이 되도록 문장을 써보세요.

01 _____

    내게 두 개의 칫솔이 있어.

02 _____

    어떤 것을 사용하고 싶니?

03 _____

    공주님 칫솔을 원하니 아니면 아기 토끼 칫솔을 원하니?

04 _____

    너는 공주님 칫솔을 사용하고 싶구나.

실수하기 | 완성하기 | 확장하기 | 설명하기

엄마가 실수로 빗을 사용해 치실질을 하려고 한다. 실수를 바로잡으며 다양한 표현을 제공해 주자.

1단계

엄마: Food. Stuck.
　　　 Between teeth.
　　　 Need comb.
아이: …
엄마: Oh, silly me!
　　　 We can't.
　　　 With comb.
　　　 Need…? /f/, /f/
아이: …
엄마: Say 'floss.'
아이: Floss.
엄마: Get out.
　　　 With floss.

엄마: 음식. 끼어 있어. (엄마의 입 안을 들여다 보기)
　　　 이 사이에.
　　　 빗이 필요해. (실수하기, 빗으로 치실질하기)
아이: (아이의 다양한 반응)
엄마: 오, 나 왜 이러지!
　　　 우리는 할 수 없어. (설명하기)
　　　 빗으로.
　　　 필요해, 무엇이…? /치/, /치/ (완성하기)
아이: (아이의 다양한 반응)
엄마: '치실'이라고 말해 봐.
아이: 치실.
엄마: 꺼내.
　　　 치실로.

2단계

엄마: Food is stuck. Between my teeth. We need a comb. 아이: … 엄마: Oh, silly me! We can't do it. With a comb. We need…? /f/, /f/ 아이: Floss. 엄마: Yes. Floss. We need floss. We get the food out. With floss.	엄마: 음식이 끼었어. (엄마의 입 안을 들여다 보기) 내 이 사이에. 우리는 빗이 필요해. (실수하기, 빗으로 치실질하기) 아이: (아이의 다양한 반응) 엄마: 오, 나 왜 이러지! 우리는 할 수 없어. 빗으로. 우리가 필요한 건…? /치/, /치/ (완성하기) 아이: 치실. (치실을 가져다 주는 아이) 엄마: 그래. 치실. 우리는 치실이 필요해. (확장하기) 우리는 음식을 꺼내. (설명하기) 치실로.

3단계

엄마: Food is stuck between my teeth. What are we going to do? We need a comb to get the food out. 아이: … 엄마: Oh, silly me! We can't get the food out with a comb. We need…? 아이: Floss. 엄마: Yes. We need floss. We can get the food out with floss.	엄마: 음식이 내 이 사이에 끼었어. 어떻게 해야 하지? 우리는 음식찌꺼기를 꺼낼 빗이 필요해. 아이: (아이의 다양한 반응) 엄마: 오, 나 왜 이러지! 우리는 빗으로 음식찌꺼기를 꺼낼 수 없어. 우리가 필요한 건…? (완성하기) 아이: 치실. 엄마: 그래. 우리는 치실이 필요해. (확장하기) 우리는 치실로 음식찌꺼기를 꺼낼 수 있어. (설명하기)

3단계 문장 쓰기 연습

우리말과 같은 뜻이 되도록 문장을 써보세요.

01 _____

음식이 내 이 사이에 끼었어.

02 _____

우리는 음식찌꺼기를 꺼낼 빗이 필요해.

03 _____

우리는 빗으로 음식찌꺼기를 꺼낼 수 없어.

04 _____

우리는 치실로 음식찌꺼기를 꺼낼 수 있어.

바보흉내

아이가 엄마의 이 사이에 숨어 있는 설탕 벌레들을 무찌르는 슈퍼히어로가 되는 역할 놀이를 해 보자. 엉뚱하고 유쾌한 상황 속에서 서로의 이를 닦아주며 다양한 표현을 제공해 주자.

1단계

엄마: Oh no!	엄마: 오 이런!
Sugar bugs.	설탕 벌레들이다. (엄마 이를 가리키기)
Hiding.	숨어 있어.
Between teeth.	이 사이에.
Shoo, shoo.	훠이, 훠이.
Go away.	저리가.
아이: …	아이: (아이의 다양한 반응)
엄마: Superhero!	엄마: 슈퍼히어로야! (긴박한 목소리로)
Help me!	도와줘!
Save my teeth.	내 이를 구해줘.
아이: …	아이: (아이의 다양한 반응)
엄마: You brush.	엄마: 네가 닦아. (엄마의 칫솔을 건네주기)
My teeth.	내 이를.
I brush.	나는 닦아. (아이의 칫솔을 가져오기)
Your teeth.	네 이를.
Come on! Hurry!	어서! 서둘러!
Superhero to the rescue!	슈퍼히어로 출동! (서로의 이를 닦아주기)

2단계

엄마: Oh no! Sugar bugs are hiding.
　　　Between my teeth.
　　　Shoo, shoo.
　　　Go away, sugar bugs.
아이: …
엄마: Superhero!
　　　Help me!
　　　Save my teeth.
아이: …
엄마: You brush my teeth.
　　　I brush your teeth.
　　　Come on! Hurry!
　　　Superhero to the rescue!

엄마: 오 이런! 설탕 벌레들이 숨어 있어.
　　　내 이 사이에.
　　　훠이, 훠이.
　　　저리가, 설탕 벌레들아.
아이: (아이의 다양한 반응)
엄마: 슈퍼히어로야! (긴박한 목소리로)
　　　도와줘!
　　　내 이를 구해줘.
아이: (아이의 다양한 반응)
엄마: 너는 내 이를 닦아. (엄마의 칫솔을 건네주기)
　　　나는 네 이를 닦아. (아이의 칫솔을 가져오기)
　　　어서! 서둘러!
　　　슈퍼히어로 구조하러 출동!
　　　(서로의 이를 닦아주기)

3단계

엄마: Oh no! Sugar bugs are hiding
　　　between my teeth.
　　　Shoo, shoo.
　　　Go away, naughty sugar bugs.
아이: …
엄마: Superhero! Help me save
　　　my teeth from the sugar bugs.
아이: …
엄마: You brush my teeth while
　　　I brush yours.
　　　Come on! Hurry!
　　　Superhero to the rescue!

엄마: 오 안돼! 설탕 벌레들이
　　　내 이 사이에 숨어 있어.
　　　훠이, 훠이.
　　　저리가, 얄미운 설탕 벌레들아.
아이: (아이의 다양한 반응)
엄마: 슈퍼히어로야! 설탕 벌레들로부터
　　　내 이를 구해줘.
아이: (아이의 다양한 반응)
엄마: 너는 내 이를 닦아 내가 네 이를
　　　닦을 동안.
　　　어서! 서둘러!
　　　슈퍼히어로 구조하러 출동!

3단계 문장 쓰기 연습

우리말과 같은 뜻이 되도록 문장을 써보세요.

01 _____

설탕 벌레들이 내 이 사이에 숨어 있어.

02 _____

휘이, 휘이. 저리가, 얄미운 설탕 벌레들아.

03 _____

설탕 벌레들로부터 내 이를 구해줘.

04 _____

너는 내 이를 닦아 내가 네 이를 닦을 동안.

05 _____

슈퍼히어로 구조하러 출동!

상황조작

일부러 턱에 치약을 묻힌 후 아이가 턱에 묻은 치약을 발견하면 닦아 달라고 도움을 요청해 보자. 아이가 주목할 만한 상황을 연출하며 다양한 표현을 제공해 주자.

1단계

엄마: Finish.	엄마: 다했다. (턱에 일부로 치약을 묻히기, 상황조작)
Look!	봐! (아이에게 엄마의 이를 보여주기)
White teeth.	하얀 이.
Shiny teeth.	반짝이는 이.
아이: …	아이: (턱에 묻은 치약을 가리키는 아이)
엄마: Something wrong?	엄마: 뭐가 잘못됐어?
On face?	얼굴에?
아이: …	아이: (아이의 다양한 반응)
엄마: Oh! Toothpaste.	엄마: 오! 치약.
On chin.	턱에.
Toilet paper.	화장지. (화장지를 가리키기)
Get.	가져와.
아이: …	아이: (엄마 턱에 묻은 치약을 닦아주는 아이)
엄마: Wipe off.	엄마: 닦아내. (아이의 행동을 중계하기)
Thank you.	고마워.

2단계

엄마: I finished.
     Look at my teeth.
     My teeth are white.
     My teeth are shiny.
아이: …
엄마: What's wrong?
     Something on my face?
아이: Toothpaste.
엄마: Oh! There is toothpaste.
     On my chin.
     Get the toilet paper.
     Wipe it off.
아이: …
엄마: You wipe it off.
     For me.
     Thank you.

엄마: 다했다. (턱에 일부로 치약을 묻히기, 상황조작)
     내 이를 봐. (아이에게 엄마의 이를 보여주기)
     내 이는 하얀색이야.
     내 이는 반짝거려.
아이: (턱에 묻은 치약을 가리키는 아이)
엄마: 왜그래?
     얼굴에 뭐가 묻었어?
아이: 치약.
엄마: 오! 치약이 묻었네.
     내 턱에.
     화장지 가져와. (화장지를 가리키기)
     닦아.
아이: (화장지로 턱에 묻은 치약을 닦아주는 아이)
엄마: 네가 닦아내 주네. (아이의 행동을 중계하기)
     나 대신에.
     고마워.

3단계

엄마: I finished brushing my teeth.
     Look how white and shiny they are!
아이: …
엄마: What's wrong?
     Is there something on my face?
아이: Toothpaste.
엄마: Oh! There is toothpaste
     on my chin.
     Wipe it off with toilet paper, please.
아이: …
엄마: Thank you for wiping it off for me.

엄마: 이를 다 닦았어. (상황조작)
     하얗고 반짝거리는 거 봐!
아이: (턱에 묻은 치약을 가리키는 아이)
엄마: 왜 그래?
     얼굴에 뭐가 묻었니?
아이: 치약.
엄마: 오! 내 턱에 치약이 묻었네.
     (얼굴을 확인한 엄마)
     화장지로 닦아줘.
아이: (턱에 묻은 치약을 닦아주는 아이)
엄마: 나 대신에 닦아 줘서 고마워.

3단계 문장 쓰기 연습

우리말과 같은 뜻이 되도록 문장을 써보세요.

01 _____

이를 다 닦았어.

02 _____

하얗고 반짝거리는 거 봐!

03 _____

얼굴에 뭐가 묻었니?

04 _____

내 턱에 치약이 묻었네.

05 _____

화장지로 닦아줘.

06 _____

나 대신에 닦아 줘서 고마워.

아침식사

명명하기

아침식사로 시리얼과 바나나 조각을 먹으려고 한다. 이때 아이가 보고
만지고 있는 사물의 이름과 위치를 명명해 보자.

1단계

Cereal. 시리얼. In box. 상자 안에.	Bowl. 그릇. On shelf. 선반 위에.	Cutting board. 도마. On counter. 조리대 위에.
Milk. 우유. In fridge. 냉장고 안에.	Spoon. 숟가락. In drawer. 서랍 안에.	Banana. 바나나. On plate. 접시 위에.

2단계

This is cereal.
이것은 시리얼이야.
In the box.
상자 안에.

This is milk.
이것은 우유야.
In the fridge.
냉장고 안에.

This is a bowl.
이것은 그릇이야.
On the shelf.
선반 위에.

This is a spoon.
이것은 숟가락이야.
In the drawer.
서랍 안에.

This is a cutting board.
이것은 도마야.
On the counter.
조리대 위에.

This is a banana.
이것은 바나나야.
On the plate.
접시 위에.

3단계

There is cereal in the box. | 상자 안에 시리얼이 있어.

There is milk in the fridge. | 냉장고 안에 우유가 있어.

There is a bowl on the shelf. | 선반 위에 그릇이 있어.

There is a spoon in the drawer. | 서랍 안에 숟가락이 있어.

There is a cutting board on the counter. | 조리대 위에 도마가 있어.

There is a banana on the plate. | 접시 위에 바나나가 있어.

3단계 문장 쓰기 연습

우리말과 같은 뜻이 되도록 문장을 써보세요.

01 _____

상자 안에 시리얼이 있어.

02 _____

냉장고 안에 우유가 있어.

03 _____

선반 위에 그릇이 있어.

04 _____

서랍 안에 숟가락이 있어.

05 _____

조리대 위에 도마가 있어.

06 _____

접시 위에 바나나가 있어.

묘사하기

부엌에서 아침식사를 준비하고 있다. 이때 사용하는 사물의 특징을 묘
사해 보자.

1단계

Sweet cereal. 달콤한 시리얼. Crunchy cereal. 바삭바삭한 시리얼.	Deep bowl. 깊은 그릇. Wide bowl. 넓은 그릇.	Hard cutting board. 딱딱한 도마. Thick cutting board. 두꺼운 도마.
Fresh milk. 신선한 우유. Cold milk. 차가운 우유.	Silver spoon. 은색의 숟가락. Small spoon. 작은 숟가락.	Long banana. 긴 바나나. Yellow banana. 노란색 바나나.

2단계

The cereal is sweet.
시리얼은 달콤해.
The cereal is crunchy.
시리얼은 바삭바삭해.

The bowl is deep.
그릇은 깊어.
The bowl is wide.
그릇은 넓어.

The cutting board is hard.
도마는 딱딱해.
The cutting board is thick.
도마는 두꺼워.

The milk is fresh.
우유는 신선해.
The milk is cold.
우유는 차가워.

The spoon is silver.
숟가락은 은색이야.
The spoon is small.
숟가락은 작아.

The banana is long.
바나나는 길어.
The banana is yellow.
바나나는 노란색이야.

3단계

The cereal is sweet and crunchy.

The milk is fresh and cold.

The bowl is deep and wide.

The spoon is silver and small.

The cutting board is hard and thick.

The banana is long and yellow.

시리얼은 달콤하고 바삭바삭해.

우유는 신선하고 차가워.

그릇은 깊고 넓어.

숟가락은 은색이고 작아.

도마는 딱딱하고 두꺼워.

바나나는 길고 노란색이야.

3단계 문장 쓰기 연습

우리말과 같은 뜻이 되도록 문장을 써보세요.

01 _____

시리얼은 달콤하고 바삭바삭해.

02 _____

우유는 신선하고 차가워.

03 _____

그릇은 깊고 넓어.

04 _____

숟가락은 은색이고 작아.

05 _____

도마는 딱딱하고 두꺼워.

06 _____

바나나는 길고 노란색이야.

두 대상의 특징, 대상이 놓인 위치, 두 사람의 행동의 차이를 비교해
보자.

1단계

Crunchy cereal.
바삭바삭한 시리얼.
Soggy cereal.
눅눅한 시리얼.

Your spoon.
네 숟가락.
In bowl.
그릇 안에.

You pour.
너는 부어.
Milk.
우유.
Into bowl.
그릇에.

Fresh milk.
신선한 우유.
Spoiled milk.
상한 우유.

My spoon.
내 숟가락.
On table.
탁자 위에.

I stir.
나는 저어.
Milk.
우유.
In bowl.
그릇 안에.

2단계

This cereal is crunchy.
이 시리얼은 바삭바삭해.
This cereal is soggy.
이 시리얼은 눅눅해.

This milk is fresh.
이 우유는 신선해.
This milk is spoiled.
이 우유는 상했어.

You place your spoon.
너는 숟가락을 놓아.
In the bowl.
그릇 안에.

I place my spoon.
나는 숟가락을 놓아.
On the table.
탁자 위에.

You pour milk.
너는 우유를 부어.
Into the bowl.
그릇에.

I stir milk.
나는 우유를 저어.
In the bowl.
그릇 안에.

3단계

The cereal in the box is crunchy, but the cereal in the bowl is soggy.

The milk in the fridge is fresh, but the milk on the counter is spoiled.

You placed your spoon in the bowl, and I placed my spoon on the table.

You are pouring the milk into the bowl, and I am stirring the milk in the bowl.

상자 안에 있는 시리얼은 바삭바삭하지만, 그릇 안에 있는 시리얼은 눅눅해.

냉장고 안에 있는 우유는 신선하지만, 조리대 위에 있는 우유는 상했어.

너는 그릇 안에 네 숟가락을 놓았고, 나는 탁자 위에 내 숟가락을 놓았어.

너는 그릇에 우유를 붓고 있고, 나는 그릇 안에 있는 우유를 젓고 있어.

3단계 문장 쓰기 연습

우리말과 같은 뜻이 되도록 문장을 써보세요.

01 _____

상자 안에 있는 시리얼은 바삭바삭해.

02 _____

그릇 안에 있는 시리얼은 눅눅해.

03 _____

조리대 위에 있는 우유는 상했어.

04 _____

나는 탁자 위에 내 숟가락을 놓았어.

05 _____

너는 그릇에 우유를 붓고 있어.

06 _____

나는 그릇 안에 있는 우유를 젓고 있어.

표현하기

아이와 함께 아침식사로 시리얼을 준비하는 상황이다. 시리얼을 먹기 위해 필요한 것, 원하는 것, 준비하는 과정에서 느끼는 뿌듯한 감정을 모델링을 통해 적절하게 표현해 보자.

1단계

Ready. 준비됐어.	Yummy. 맛있어.	Proud. 뿌듯해.
No spoon. 숟가락이 없어.	My favorite. 내가 제일 좋아하는 것.	Make breakfast. 아침식사를 만들어.
Need spoon. 숟가락이 필요해.	Want more. 더 원해.	I did it. 내가 해냈어.

2단계

I am ready to eat.
나는 먹을 준비가 됐어.

Where is my spoon?
내 숟가락은 어디에 있지?

I need a spoon.
나는 숟가락이 필요해.

It is so yummy.
정말 맛있어.

Cereal is my favorite.
시리얼이 제일 좋아.

I want more cereal.
나는 시리얼을 더 원해.

I am proud.
나는 뿌듯해.

I made breakfast.
내가 아침식사를 만들었어.

I did it.
내가 해냈어.

3단계

I am ready to eat my cereal.
I don't know where my spoon is.
I need a spoon to eat my cereal.

It is so yummy.
I can't put my spoon down.

Cereal is my favorite breakfast
in the whole world.
I want to eat another bowl.

I am proud of myself.
I made breakfast on my own.

나는 시리얼 먹을 준비가 됐어.
내 숟가락이 어디에 있는지 모르겠어.
나는 시리얼을 먹을 숟가락이 필요해.

정말 맛있어.
숟가락을 내려놓을 수가 없어.

시리얼은 내가 세상에서 제일 좋아하는
아침식사야.
시리얼 또 한 그릇 먹고 싶어.

나는 뿌듯해.
내가 직접 아침식사를 만들었어.

3단계 문장 쓰기 연습

우리말과 같은 뜻이 되도록 문장을 써보세요.

01 _____

   내 숟가락이 어디에 있는지 모르겠어.

02 _____

   나는 시리얼을 먹을 숟가락이 필요해.

03 _____

   정말 맛있어. 숟가락을 내려 놓을 수가 없어.

04 _____

   시리얼은 내가 세상에서 제일 좋아하는 아침식사야.

05 _____

   시리얼 또 한 그릇 먹고 싶어.

06 _____

   내가 직접 아침식사를 만들었어.

설명하기

주방에서 사용하는 물건의 용도, 진행 순서, 지켜야 할 생활 수칙에 대해서 설명해 보자.

1단계

Use spoon.
숟가락을 사용해.

Eat food.
음식을 먹어.

Use knife.
칼을 사용해.

Chop food.
음식을 (큼직하게) 썰어.

First, pour milk.
먼저, 우유를 부어.

Next, cap on.
그런 다음, 뚜껑을 덮어.

First, peel banana.
먼저, 바나나 껍질을 벗겨.

Next, slice banana.
그런 다음, 바나나를 (얇게) 썰어.

Fold bag.
봉지를 접어.

Fresh cereal.
신선한 시리얼.

In fridge.
냉장고 안에.

Fresh milk.
신선한 우유.

2단계

We use a spoon.
우리는 숟가락을 사용해.

We eat food.
우리는 음식을 먹어.

First, we pour the milk.
먼저, 우리는 우유를 부어.

Next, we put on the cap.
그런 다음, 우리는 뚜껑을 덮어.

We fold over the bag.
우리는 봉지를 접어.

Cereal stays fresh.
시리얼이 신선함을 유지해.

We use a knife.
우리는 칼을 사용해.

We chop food.
우리는 음식을 썰어.

First, we peel the banana.
먼저, 우리는 바나나 껍질을 벗겨.

Next, we slice the banana.
그런 다음, 우리는 바나나를 썰어.

We put back the milk.
우리는 우유를 다시 넣어.

Milk stays fresh.
우유가 신선함을 유지해.

3단계

We use a spoon when we eat.

우리는 먹을 때 숟가락을 사용해.

We use a knife when we chop food.

우리는 음식을 썰 때 칼을 사용해.

First, we pour milk on the cereal.
Next, we put the cap back
on the milk.

먼저, 우리는 시리얼에 우유를 부어.
그런 다음, 우리는 우유 뚜껑을
다시 덮어.

First, we peel the banana
with our fingers.
Next, we slice the banana
with a knife.

먼저, 우리는 손가락으로
바나나 껍질을 벗겨내.
그런 다음, 우리는 칼로
바나나를 썰어.

We have to fold over the bag
to keep the cereal fresh.

시리얼을 신선하게 유지하기 위해
우리는 봉지를 접어야 해.

We have to put the milk back
in the fridge to keep it fresh.

우유를 신선하게 유지하기 위해
냉장고 안에 다시 넣어야 해.

3단계 문장 쓰기 연습

우리말과 같은 뜻이 되도록 문장을 써보세요.

01 _____

우리는 먹을 때 숟가락을 사용해.

02 _____

우리는 음식을 썰 때 칼을 사용해.

03 _____

우리는 우유 뚜껑을 다시 덮어.

04 _____

우리는 손가락으로 바나나 껍질을 벗겨내.

05 _____

시리얼을 신선하게 유지하기 위해 우리는 봉지를 접어야 해.

06 _____

우유를 신선하게 유지하기 위해 냉장고 안에 다시 넣어야 해.

아이에게 아침식사를 준비하기 위해 필요한 물건을 가져오게 하거나
사용이 끝난 후 제자리에 갖다 놓거나 혹은 특정한 행동을 하도록 지
시해 보자.

1단계

Your cereal.
네 시리얼.

Get.
가져와.

From shelf.
선반에서.

Milk.
우유.

Put back.
다시 넣어.

In fridge.
냉장고 안에.

Your spoon.
네 숟가락.

Take out.
꺼내.

From drawer.
서랍에서.

Empty bowl.
빈 그릇.

Put in.
넣어.

In sink.
개수대 안에.

Banana.
바나나.

Bring.
가져와.

From counter.
조리대에서.

Milk spill.
우유 엎지른 것.

Wipe up.
닦아.

With napkin.
냅킨으로.

2단계

Get your cereal.
시리얼 가져와.
From the shelf.
선반에서.

Take out your spoon.
숟가락을 꺼내.
From the drawer.
서랍에서.

Bring the banana.
바나나를 가져와.
From the counter.
조리대에서.

Put back the milk.
우유를 다시 넣어.
In the fridge.
냉장고 안에.

Put the empty bowl there.
저기에 빈 그릇을 넣어.
In the sink.
개수대 안에.

Wipe up the spill.
엎지른 것을 닦아.
With a napkin.
냅킨으로.

3단계

Get your cereal from the shelf. please.

Take out your spoon from the drawer. please.

Bring the banana from the counter. please.

Put back the milk in the fridge. please.

Put the empty bowl in the sink. please.

Wipe up the spill with a napkin. please.

선반에서 네 시리얼을 가져와줘.

서랍에서 숟가락을 꺼내줘.

조리대에서 바나나를 가져와줘 .

우유를 냉장고에 다시 넣어줘.

개수대에 빈 그릇을 넣어줘.

엎지른 것을 냅킨으로 닦아줘.

3단계 문장 쓰기 연습

우리말과 같은 뜻이 되도록 문장을 써보세요.

01 _____

선반에서 네 시리얼을 가져와줘.

02 _____

서랍에서 숟가락을 꺼내줘.

03 _____

조리대에서 바나나를 가져와줘 .

04 _____

우유를 냉장고에 다시 넣어줘.

05 _____

개수대에 빈 그릇을 넣어줘.

06 _____

엎지른 것을 냅킨으로 닦아줘.

혼잣말하기

엄마가 아침식사로 시리얼을 먹고 있다. 엄마의 행동과 생각을 혼잣말로 이야기해 보자.

1단계

Cereal. 시리얼.	Sit down. 앉아.	Soggy cereal. 눅눅한 시리얼.
For breakfast. 아침식사.	At table. 탁자에.	Eat fast. 빨리 먹어.
This one. 이거.	Spill milk. 우유 흘려.	All done. 다 먹었네.
My favorite. 내가 제일 좋아하는 것.	Wipe table. 탁자를 닦아.	Wash dishes. 설거지를 해.

2단계

I eat cereal.
나는 시리얼을 먹어.
For breakfast.
아침식사로.

I choose cereal.
나는 시리얼을 골라.
I choose my favorite.
제일 좋아하는 것을 골라.

I sit down.
나는 앉아.
At the table.
탁자에.

I spilled milk.
나는 우유를 흘렸어.
I wipe the table.
나는 탁자를 닦아.

The cereal is soggy.
시리얼이 눅눅해.
I eat fast.
나는 빨리 먹어.

All done.
다 먹었어.
I wash the dishes.
나는 설거지를 해.

3단계

I am going to eat cereal for breakfast.

I chose my favorite box of cereal.

I sat down at the table to eat breakfast.

I spilled some milk.
I am going to wipe it up.

The cereal is getting soggy.
I'd better eat quickly.

All done.
I am going to wash the dishes now.

나는 아침식사로 시리얼을 먹을 거야.

나는 내가 제일 좋아하는 시리얼을 골랐어.

나는 아침을 먹기 위해 탁자에 앉았어.

내가 우유를 흘렸네.
나는 흘린 것을 닦을 거야.

시리얼이 눅눅해지고 있어.
빨리 먹어야겠어.

다 먹었다.
나는 이제 설거지를 할 거야.

3단계 문장 쓰기 연습

우리말과 같은 뜻이 되도록 문장을 써보세요.

01 _____

나는 아침식사로 시리얼을 먹을 거야.

02 _____

나는 내가 제일 좋아하는 시리얼을 골랐어.

03 _____

나는 아침을 먹기 위해 탁자에 앉았어.

04 _____

내가 우유를 흘렸네. 나는 흘린 것을 닦을 거야.

05 _____

시리얼이 눅눅해지고 있어. 빨리 먹어야겠어.

06 _____

다 먹었다. 나는 이제 설거지를 할 거야.

중계하기

아이가 시리얼을 준비하고 있다. 아이의 행동과 생각을 마치 중계하듯 말해 보자.

1단계

Have everything.
다 있어.
Ready.
준비됐어.

Pour cereal.
시리얼 부어.
Into bowl.
그릇에.

Add milk.
우유를 넣어.
To bowl.
그릇에.

Pour milk.
우유를 부어.
Cereal up.
시리얼이 위로.

Add banana.
바나나를 넣어.
On cereal.
시리얼 위에.

Stir cereal.
시리얼을 저어.
With spoon.
숟가락으로.

2단계

You have everything.
너는 다 있구나.
You are ready.
너는 준비가 됐구나.

You pour the cereal.
너는 시리얼을 부어.
Into the bowl.
그릇에.

You add the milk.
너는 우유를 넣어.
To the bowl.
그릇에.

You pour the milk.
너는 우유를 부어.
The cereal goes up.
시리얼이 올라가.

You add the banana.
너는 바나나를 넣어.
On the cereal.
시리얼에.

You stir the cereal.
너는 시리얼을 저어.
With the spoon.
숟가락으로.

3단계

You have everything you need.
You are ready to begin.

You are pouring the cereal into the bowl.

You are adding milk to the bowl.

When you poured the milk, the cereal floated.

You added banana slices on the cereal.

You are stirring the cereal with your spoon.

필요한 것들이 다 있네.
시작할 준비가 됐네.

너는 그릇에 시리얼을 붓고 있네.

너는 그릇에 우유를 넣고 있네.

네가 우유를 부었을 때 시리얼이 떠올랐네.

너는 시리얼에 바나나 조각들을 넣었네.

너는 네 숟가락으로 시리얼을 젓고 있네.

3단계 문장 쓰기 연습

우리말과 같은 뜻이 되도록 문장을 써보세요.

01 _____

필요한 것들이 다 있네.

02 _____

너는 그릇에 시리얼을 붓고 있네.

03 _____

너는 그릇에 우유를 넣고 있네.

04 _____

네가 우유를 부었을 때 시리얼이 떠올랐네.

05 _____

너는 시리얼에 바나나 조각들을 넣었네.

06 _____

너는 네 숟가락으로 시리얼을 젓고 있네.

완성하기 | 모델링하기 | 반복하기 | 확장하기

냉장고에서 우유를 꺼내는 상황이다. 아이에게 미완성된 표현을 완성하도록 유도해 보자.

1단계

엄마: Look! Milk.
　　　In…? /f/. /f/
아이: …
엄마: Say "fridge."
아이: Fridge.
엄마: Yes. In fridge.
　　　Milk in fridge.
　　　Get milk.
　　　From fridge.
아이: …
엄마: Brrr. /k/. /k/
아이: …
엄마: Say "cold."
아이: Cold.
엄마: Yes. Cold milk.

엄마: 봐! 우유. (우유 가리키기)
　　　어디 안에…? /냉/, /냉/ (완성하기)
아이: (대답 없음)
엄마: "냉장고"라고 말해 봐. (모델링하기)
아이: 냉장고.
엄마: 그래. 냉장고 안에. (반복하기, 확장하기)
　　　냉장고 안에 우유. (확장하기)
　　　우유 가져와.
　　　냉장고에서. (냉장고 가리키기)
아이: (냉장고에서 우유를 가져온 아이)
엄마: 부들부들. /차/, /차/ (완성하기, 우유 만지기)
아이: (대답 없음)
엄마: "차가워"라고 말해 봐. (모델링하기)
아이: 차가워.
엄마: 그래. 차가운 우유. (확장하기)

2단계

엄마: Look! There is milk.
　　　In the…? /f/, /f/
아이: Fridge.
엄마: Yes. In the fridge.
　　　Milk in the fridge.
　　　Get the milk.
　　　From the fridge.
아이: …
엄마: Brrr. The milk is…? /k/, /k/
아이: Cold.
엄마: Yes. The milk is cold.

엄마: 봐! 우유가 있어. (우유 가리키기)
　　　어디 안에…? /냉/, /냉/ (완성하기)
아이: 냉장고.
엄마: 그래. 냉장고 안에. (반복하기, 확장하기)
　　　냉장고 안에 우유. (확장하기)
　　　우유 가져와.
　　　냉장고에서. (냉장고 가리키기)
아이: (냉장고에서 우유를 가져온 아이)
엄마: 부들부들. 우유가…? /차/, /차/ (완성하기)
아이: 차가워.
엄마: 그래. 우유는 차가워. (확장하기)

3단계

엄마: I wonder where the milk is.
　　　I know!
　　　The milk is in the …?
아이: Fridge.
엄마: Yes. In the fridge.
　　　The milk is in the fridge.
　　　Could you get the milk from the
　　　fridge?
아이: …
엄마: Brrr. The milk is…?

아이: Cold.
엄마: Yes. The milk is cold
　　　because it was in the fridge.

엄마: 우유가 어디에 있는지 모르겠네.
　　　알아!
　　　우유는 있어, 어디 안에…? (완성하기)
아이: 냉장고.
엄마: 그래. 냉장고 안에. (반복하기, 확장하기)
　　　우유는 냉장고 안에 있어. (확장하기)
　　　냉장고에서 우유 좀 가져다줄래?

아이: (냉장고에서 우유를 가져온 아이)
엄마: 부들부들. 우유는, 어때…?
　　　(완성하기. 우유 만지기)
아이: 차가워.
엄마: 그래. 우유는 차가워
　　　냉장고 안에 있었으니까. (확장하기)

3단계 문장 쓰기 연습

우리말과 같은 뜻이 되도록 문장을 써보세요.

01 _____

우유가 어디에 있는지 모르겠네.

02 _____

우유는 냉장고 안에 있어.

03 _____

냉장고에서 우유 좀 가져다 줄래?

04 _____

우유는 냉장고 안에 있었으니까 차가워.

선택하기 | 확장하기 | 반복하기

아침식사로 먹을 시리얼을 선택해야 하는 상황이다. 베리 맛 시리얼과 견과류 맛 시리얼 중 어떤 시리얼을 원하는지 선택하기 전략을 사용해 대답을 유도해 보자.

1단계

엄마: Two cereals.
아이: …
엄마: Which one?
　　　Berry or nutty?
아이: Berry.
엄마: I see. Berry cereal.
　　　Want berry cereal.
　　　Here it is.

엄마: 두 개의 시리얼. (시리얼 보여주기)
아이: (아이의 다양한 반응)
엄마: 어떤 것?
　　　베리 맛 아니면 견과류 맛? (선택하기)
아이: 베리 맛.
엄마: 그렇구나. 베리 맛 시리얼. (반복하기)
　　　베리 맛 시리얼을 원하는구나. (확장하기)
　　　여기 있어. (베리 맛 시리얼을 건네주기)

2단계

엄마: I have two cereals.
아이: …
엄마: Which one do you want?
The berry cereal or
the nutty cereal?
아이: Berry.
엄마: I see. The berry cereal.
You want the berry cereal.
Here it is.

엄마: 내게 시리얼이 두 개 있어. (시리얼 보여주기)
아이: (아이의 다양한 반응)
엄마: 어떤 것을 원해?
베리 맛 시리얼 아니면
견과류 맛 시리얼? (선택하기)
아이: 베리 맛.
엄마: 그렇구나. 베리 맛 시리얼. (반복하기)
너는 베리 맛 시리얼을 원하는구나. (확장하기)
여기 있어. (베리 맛 시리얼을 건네주기)

3단계

엄마: I took out two kinds of cereal.
아이: …
엄마: Which one do you want to eat?
Do you want the berry one
or the nutty one?
아이: Berry one.
엄마: I see. The berry one.
You want to eat the berry cereal.

Here it is.

엄마: 내가 두 종류의 시리얼을 꺼냈어.
아이: (아이의 다양한 반응)
엄마: 어떤 것을 먹고 싶어?
베리 맛 시리얼을 원하니 아니면
견과류 맛 시리얼을 원하니? (선택하기)
아이: 베리 맛 시리얼.
엄마: 그렇구나. 베리 맛 시리얼. (반복하기)
너는 베리 맛 시리얼을 먹고 싶구나.
(확장하기)
여기 있어. (베리 맛 시리얼을 건네주기)

3단계 문장 쓰기 연습

우리말과 같은 뜻이 되도록 문장을 써보세요.

01 _____

내가 두 종류의 시리얼을 꺼냈어.

02 _____

어떤 것을 먹고 싶어?

03 _____

베리 맛 시리얼을 원하니 아니면 견과류 맛 시리얼을 원하니?

04 _____

너는 베리 맛 시리얼을 먹고 싶구나.

엄마가 실수로 아이에게 바나나 껍질을 먹으라고 건네줬다. 실수를 바로잡으며 다양한 표현을 제공해 주자.

1단계

엄마: Breakfast time. 　　　Banana. 아이: … 엄마: Oops! Silly me! 　　　Banana peel. 　　　On plate. 아이: … 엄마: Here. 　　　Banana. 　　　Enjoy. 아이: … 엄마: Eat banana. 　　　With fork.	엄마: 아침식사 시간. 　　　바나나. (실수하기, 껍질 건네주기) 아이: (아이의 다양한 반응) 엄마: 아이고! 나 왜 이러지! 　　　바나나 껍질. 　　　접시에. 아이: (아이의 다양한 반응) 엄마: 여기. (바나나를 아이에게 건네주기) 　　　바나나. 　　　맛있게 먹어. 아이: (포크로 바나나를 먹는 아이) 엄마: 바나나 먹네. (중계하기) 　　　포크로.

2단계

엄마: Time for breakfast.
　　　Here is a banana.
아이: …
엄마: Oops! Silly me!
　　　I put the banana peel here.
　　　On the plate.
아이: …
엄마: Here is the banana.
　　　Enjoy your banana.
아이: …
엄마: You eat the banana.
　　　With a fork.

엄마: 아침식사 시간.
　　　바나나 여기 있어. (실수하기, 껍질 건네주기)
아이: (아이의 다양한 반응)
엄마: 아이고! 나 왜 이러지!
　　　내가 여기에 바나나 껍질을 놓았어.
　　　접시에.
아이: (아이의 다양한 반응)
엄마: 바나나 여기 있어. (바나나를 건네주기)
　　　바나나 맛있게 먹어.
아이: (포크로 바나나를 먹는 아이)
엄마: 너는 바나나를 먹네. (중계하기)
　　　포크로.

3단계

엄마: It is time for breakfast.
　　　Here is a banana for you.

아이: …
엄마: Oops! Silly me!
　　　I put the banana peel
　　　on the plate by mistake.
아이: …
엄마: Here is your banana.
　　　I hope you enjoy it.
아이: …
엄마: You are eating the banana
　　　with a fork.

엄마: 아침식사 시간이야.
　　　네게 줄 바나나가 여기 있어.
　　　(실수하기, 껍질을 건네주기)
아이: (아이의 다양한 반응)
엄마: 아이고! 나 왜 이러지!
　　　내가 실수로 접시에
　　　바나나 껍질을 놓았네.
아이: (아이의 다양한 반응)
엄마: 바나나 여기 있어. (바나나를 아이에게 건네주기)
　　　바나나 맛있게 먹길 바래.
아이: (포크로 바나나를 먹는 아이)
엄마: 너는 포크로 바나나를
　　　먹고 있네. (중계하기)

3단계 문장 쓰기 연습

우리말과 같은 뜻이 되도록 문장을 써보세요.

01 _____

아침식사 시간이야.

02 _____

네게 줄 바나나가 여기 있어.

03 _____

내가 실수로 접시에 바나나 껍질을 놓았네.

04 _____

바나나 맛있게 먹길 바래.

05 _____

너는 포크로 바나나를 먹고 있네.

바보흉내

거꾸로 뒤집힌 그릇에 시리얼을 부어보자. 아이와 함께 주어진 엉뚱한 문제를 해결하며 다양한 표현을 제공해 주자.

1단계

엄마: Bring bowl.	엄마: 그릇을 가져와.
From there.	저기에서.
아이: …	아이: (그릇을 엄마에게 건네주는 아이)
엄마: Oh no!	엄마: 오 이런!
Cereal.	시리얼. (바보흉내. 그릇을 뒤집어 놓고 시리얼 붓기)
All over.	사방에.
What is wrong?	왜 이래?
아이: …	아이: (그릇을 뒤집는 아이)
엄마: Ah ha! Upside down.	엄마: 아하! 거꾸로 뒤집어졌네.
Turn it over.	그릇을 뒤집네. (중계하기)
You do it.	네가 해 봐. (시리얼을 아이에게 건네기)
아이: …	아이: (시리얼을 그릇 안에 붓는 아이)
엄마: Pour cereal.	엄마: 시리얼을 붓네. (중계하기)
Into bowl.	그릇에.

2단계

엄마: Bring me the bowl.
　　　From over there.
아이: ⋯
엄마: Oh no!
　　　I see cereal.
　　　All over the table.
　　　What is wrong?
아이: ⋯.
엄마: Ah ha! It is upside down.
　　　You turn it over.
　　　You do it this time.
아이: ⋯
엄마: You pour the cereal.
　　　Into the bowl.

엄마: 그릇을 내게 가져와.
　　　저기에서.
아이: (그릇을 엄마에게 건네주는 아이)
엄마: 오 이런! (그릇을 뒤집어 놓고 시리얼 붓기)
　　　시리얼이 있네.
　　　탁자 여기저기에.
　　　왜 이래?
아이: (그릇을 뒤집는 아이)
엄마: 아하! 거꾸로 뒤집어졌네.
　　　네가 그릇을 뒤집네. (중계하기)
　　　이번에는 네가 해 봐. (시리얼을 아이에게 건네기)
아이: (시리얼을 그릇 안에 붓는 아이)
엄마: 너는 시리얼을 붓네. (중계하기)
　　　그릇에.

3단계

엄마: Bring me the bowl from over
　　　there, please.
아이: ⋯
엄마: Oh no!
　　　The cereal got all over the table.
　　　What is wrong with this bowl?
아이: ⋯.
엄마: Ah ha! The bowl was upside down.
　　　You turned it over for me.
　　　Could you pour the cereal
　　　into the bowl?
아이: ⋯
엄마: You are pouring the cereal
　　　into the bowl.

엄마: 저기에 있는 그릇을 내게 가져다줘.
　　　(그릇을 가져오게 하기)
아이: (그릇을 엄마에게 건네주는 아이)
엄마: 오 이런! (그릇을 뒤집어 놓고 시리얼 붓기)
　　　시리얼이 탁자 여기저기에 흩어졌네.
　　　이 그릇 왜 이래?
아이: (그릇을 뒤집는 아이)
엄마: 아하! 그릇이 뒤집어졌었구나.
　　　네가 나 대신에 그릇을 뒤집었네.
　　　그릇에 시리얼을 부어 줄래?

아이: (그릇에 시리얼을 붓는 아이)
엄마: 네가 그릇에 시리얼을 붓고 있네.

3단계 문장 쓰기 연습

우리말과 같은 뜻이 되도록 문장을 써보세요.

01 _____

저기에 있는 그릇을 내게 가져다줘.

02 _____

시리얼이 탁자 여기저기에 흩어졌네.

03 _____

그릇이 뒤집어졌었구나.

04 _____

네가 나 대신에 그릇을 뒤집었네.

05 _____

그릇에 시리얼을 부어 줄래?

06 _____

네가 그릇에 시리얼을 붓고 있네.

상황조작

일부러 선반 높은 곳에 시리얼 상자를 올려놓았다. 아이를 인간 로켓으로 만들어 상자를 내리는 상황을 연출하며 다양한 표현을 제공해 주자.

1단계

엄마: Cereal.	엄마: 시리얼. (시리얼 가리키기)
On top.	맨 위에.
아이: …	아이: (아이의 다양한 반응)
엄마: Too high.	엄마: 너무 높아.
Can't reach.	안 닿아.
아이: …	아이: (아이의 다양한 반응)
엄마: Help.	엄마: 도와줘.
아이: …	아이: (도와주겠다고 표현하는 아이)
엄마: Up, up, up.	엄마: 위로, 위로, 위로. (진행 순서를 설명하기)
Cereal.	시리얼.
Grab.	잡아.
아이: …	아이: (아이의 다양한 반응)
엄마: One, two, three. Blast-off!	엄마: 하나, 둘, 셋. 발사! (아이를 높이 들어올리기)
아이: …	아이: (손을 뻗어 시리얼을 잡는 아이)
엄마: Amazing!	엄마: 멋졌어!
Rocket.	로켓. (마치 로켓 같았다고 칭찬하기)

2단계

엄마: There is the cereal.
On the top shelf.
아이: …
엄마: It is too high.
I can't reach it.
아이: Help me.
엄마: I lift you up.
You grab it.
I count to three.
아이: …
엄마: One, two, three. Blast-off!
아이: …
엄마: That was amazing!
Like a real rocket.

엄마: 시리얼이 있네. (시리얼 가리키기)
선반 맨 위에.
아이: (아이의 다양한 반응)
엄마: 너무 높아.
손이 안 닿아.
아이: 도와줘. (도와주겠다고 표현하는 아이)
엄마: 내가 너를 들어올려. (진행 순서를 설명하기)
네가 그것을 잡아.
나는 셋을 센다.
아이: (아이의 다양한 반응)
엄마: 하나, 둘, 셋. 발사! (아이를 높이 들어올리기)
아이: (손을 뻗어 시리얼을 잡는 아이)
엄마: 멋졌어!
진짜 로켓처럼.

3단계

엄마: The cereal is on the top shelf.
아이: …
엄마: It is too high for me.
I can't reach it.
아이: …
엄마: Could you help me, please?
아이: …
엄마: I am going to lift you up,
and you can grab it for me.
아이: …
엄마: On the count of three.
One, two, three. Blast-off!
아이: …
엄마: That was amazing!
You were like a real rocket.

엄마: 시리얼이 선반 맨 위에 있네.
아이: (아이의 다양한 반응)
엄마: 나한테 너무 높아.
손이 안 닿아.
아이: (아이의 다양한 반응)
엄마: 날 좀 도와주겠니?
아이: (도와주겠다고 표현하는 아이)
엄마: 내가 너를 들어올릴 거고 (진행 순서 설명하기)
너는 나 대신에 그것을 잡으면 돼.
아이: (아이의 다양한 반응)
엄마: 셋을 세면 시작한다.
하나, 둘, 셋. 발사! (아이를 높이 들어올리기)
아이: (손을 뻗어 시리얼을 잡는 아이)
엄마: 멋졌어!
너 진짜 로켓 같았어.

3단계 문장 쓰기 연습

우리말과 같은 뜻이 되도록 문장을 써보세요.

01 _____

시리얼이 선반 맨 위에 있네.

02 _____

나한테 너무 높아.

03 _____

손이 안 닿아.

04 _____

내가 너를 들어올릴 거야.

05 _____

너는 나 대신에 그것을 잡으면 돼.

06 _____

너 진짜 로켓 같았어.

옷 입기

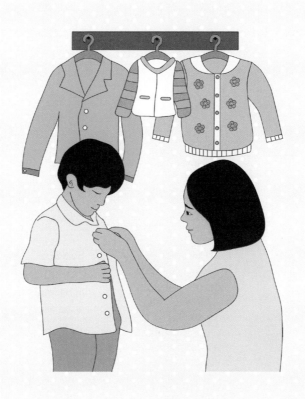

집안 곳곳에 놓인 옷이나 잡화를 가리키며 이름과 위치를 명명해 보
자.

1단계

Shirt. 셔츠. On hanger. 옷걸이에.	Jacket. 재킷. In closet. 옷장 안에.	Shoes. 신발. On shoe rack. 신발장에.
Pants. 바지. In dresser. 서랍장 안에.	Hat. 모자. On hook. 고리에.	Socks. 양말. In hamper. 바구니 안에.

2단계

This is a shirt.
이것은 셔츠야.
On the hanger.
옷걸이에.

This is a jacket.
이것은 재킷이야.
In the closet.
옷장 안에.

These are shoes.
이것은 신발이야.
On the shoe rack.
신발장에.

These are pants.
이것은 바지야.
In the dresser.
서랍장 안에.

This is a hat.
이것은 모자야.
On the hook.
고리에.

These are socks.
이것은 양말이야.
In the hamper.
빨래 바구니 안에.

3단계

There is a shirt on the hanger.

There are pants in the dresser.

There is a jacket in the closet.

There is a hat on the hook.

There are shoes on the shoe rack.

There are socks in the hamper.

옷걸이에 셔츠가 있어.

서랍장 안에 바지가 있어.

옷장 안에 재킷이 있어.

고리에 모자가 걸려 있어.

신발장에 신발이 있어.

빨래 바구니 안에 양말이 있어.

3단계 문장 쓰기 연습

우리말과 같은 뜻이 되도록 문장을 써보세요.

01 _____

옷걸이에 셔츠가 있어.

02 _____

서랍장 안에 바지가 있어.

03 _____

옷장 안에 재킷이 있어.

04 _____

고리에 모자가 걸려 있어.

05 _____

신발장에 신발이 있어.

06 _____

빨래 바구니 안에 양말이 있어.

묘사하기

일상생활에서 착용하는 옷과 잡화의 특징을 묘사해 보자.

1단계

Large shirt.
큰 셔츠.

Stretchy shirt.
신축성이 있는 셔츠.

Tight pants.
꽉 조이는 바지.

Striped pants.
줄무늬가 있는 셔츠.

Lightweight jacket.
가벼운 재킷.

Thin jacket.
얇은 재킷.

Floppy hat.
챙이 넓은 모자.

Blue hat.
파란 모자.

Old shoes.
낡은 신발.

Muddy shoes.
흙투성이의 신발.

Dirty socks.
더러운 양말.

Stinky socks.
냄새나는 양말.

2단계

The shirt is large.
셔츠는 커.

The shirt is stretchy.
셔츠는 신축성이 있어.

The pants are tight.
바지는 꽉 조여.

The pants are striped.
바지는 줄무늬로 되어 있어.

The jacket is light-
weight.
재킷은 가벼워.

The jacket is thin.
재킷은 얇아.

The hat is floppy.
모자는 챙이 넓어.

The hat is blue.
모자는 파란색이야.

The shoes are old.
신발은 낡았어.

The shoes are muddy.
신발은 흙투성이야.

The socks are dirty.
양말은 더러워.

The socks are stinky.
양말은 냄새가 나.

3단계

The shirt is large and stretchy.

The pants are tight and striped.

The jacket is lightweight and thin.

The hat is floppy and blue.

The shoes are old and muddy.

The socks are dirty and stinky.

셔츠는 크고 신축성이 있어.

바지는 꽉 조이고 줄무늬로 되어 있어.

재킷은 가볍고 얇아.

모자는 챙이 넓고 파란색이야.

신발은 낡고 흙투성이야.

양말은 더럽고 냄새가 나.

3단계 문장 쓰기 연습

우리말과 같은 뜻이 되도록 문장을 써보세요.

01 _____

셔츠는 크고 신축성이 있어.

02 _____

바지는 꽉 조이고 줄무늬로 되어 있어.

03 _____

재킷은 가볍고 얇아.

04 _____

모자는 챙이 넓고 파란색이야.

05 _____

신발은 낡고 흙투성이야.

06 _____

양말은 더럽고 냄새가 나.

비교하기

두 대상의 특징, 대상이 놓인 위치, 두 사람의 행동의 차이를 비교해
보자.

1단계

Small shirt.
작은 셔츠.
Big shirt.
큰 셔츠.

Loose pants.
헐렁한 바지.
Tight pants.
꼭 끼는 바지.

Your hat.
너의 모자.
On hook.
고리에.

My hat.
내 모자.
On head.
머리 위에.

You put on.
너는 신어.
Your socks.
네 양말.

I take off.
나는 벗어.
My socks.
내 양말.

2단계

This shirt is small.
이 셔츠는 작아.
This shirt is big.
이 셔츠는 커.

These pants are loose.
이 바지는 헐렁해.
These pants are tight.
이 바지는 꼭 끼어.

Your hat is there.
네 모자는 저기에 있어.
On the hook.
고리에.

My hat is here.
내 모자는 여기에 있어.
On my head.
내 머리 위에.

You put on your socks.
너는 양말을 신어.
On the floor.
바닥에서.

I take off my socks.
나는 양말을 벗어.
On the chair.
의자에서.

3단계

This shirt is small, but this shirt is big.

These pants are too loose for me, but
these pants are too tight for me.

Your hat is on the hook, and
my hat is on my head.

You are putting on your socks on the floor,
and I am taking off my socks on the chair.

이 셔츠는 작지만, 이 셔츠는 커.

이 바지는 내게 너무 헐렁하지만,
이 바지는 내게 너무 꼭 끼어.

네 모자는 고리에 걸려 있고,
내 모자는 내 머리 위에 있어.

너는 바닥에서 양말을 신고 있고,
나는 의자에서 양말을 벗고 있어.

3단계 문장 쓰기 연습

우리말과 같은 뜻이 되도록 문장을 써보세요.

01 _____

이 셔츠는 작지만, 이 셔츠는 커.

02 _____

이 바지는 내게 너무 헐렁해.

03 _____

이 바지는 내게 너무 꼭 끼어.

04 _____

네 모자는 고리에 걸려 있어.

05 _____

너는 바닥에서 양말을 신고 있어.

06 _____

나는 의자에서 양말을 벗고 있어.

표현하기

아이와 함께 외출 준비를 하고 있다. 날씨에 맞는 옷, 내 몸에 꼭 맞는 옷을 고르거나 좋아하는 신발을 신는 등 다양한 상황 속에서 경험하는 감정을 모델링을 통해 적절하게 표현해 보자.

1단계

Chilly outside.
밖이 쌀쌀해.

Feel cold.
추워.

Need jacket.
재킷이 필요해.

Tight pants.
꼭 끼는 바지야.

Uncomfortable.
불편해.

Different pants.
다른 바지.

My sneakers.
내 운동화.

Look good.
멋져 보여.

Like sneakers.
운동화를 좋아해.

2단계

It is chilly outside.
밖이 쌀쌀해.

I feel cold.
나 추워.

I need a jacket.
나는 재킷이 필요해.

These pants are tight.
이 바지는 꼭 끼어.

They are uncomfortable.
불편해.

I want different pants.
나는 다른 바지를 원해.

I wear my sneakers.
나는 운동화를 신어.

I look good.
나는 멋져 보여.

I like my sneakers.
나는 내 운동화가 좋아.

3단계

I feel cold because it is chilly outside.

I need a jacket to keep warm.

These tight pants feel uncomfortable.

I want to wear different pants.

My sneakers look good on me.

I like to run in my sneakers.

밖이 쌀쌀해서 추워.

나를 따뜻하게 해줄 재킷이 필요해.

이 꼭 끼는 바지가 불편해.

나는 다른 바지를 입고 싶어.

내 운동화는 나한테 잘 어울려.

나는 내 운동화를 신고 뛰는 것을 좋아해.

3단계 문장 쓰기 연습

우리말과 같은 뜻이 되도록 문장을 써보세요.

01 _____

밖이 쌀쌀해서 추워.

02 _____

나를 따뜻하게 해줄 재킷이 필요해.

03 _____

이 꼭 끼는 바지가 불편해.

04 _____

나는 다른 바지를 입고싶어.

05 _____

내 운동화는 나한테 잘 어울려.

06 _____

나는 내 운동화를 신고 뛰는 것을 좋아해.

설명하기

옷과 잡화의 용도, 착용 순서, 지켜야 할 생활 수칙에 대해서 설명해 보자.

1단계

Wear clothes. 옷을 입어. Cover body. 몸을 가려.	First, socks on. 먼저, 양말을 신어. Next, shoes on. 그런 다음 신발을 신어.	Sit down. 앉아. Pants on. 바지를 입어.
Wear shoes. 신발을 신어. Protect feet. 발을 보호해.	First, jacket on. 먼저, 재킷을 입어. Then, go out. 그러면, 밖으로 나가.	Dirty clothes. 더러운 옷. In hamper. 빨래 바구니 안에.

2단계

We wear clothes.
우리는 옷을 입어.
We cover our body.
우리는 몸을 가려.

First, we put on socks.
먼저, 우리는 양말을 신어.
Next, we put on shoes.
그런 다음 우리는 신발을 신어.

We sit on the floor.
우리는 바닥에 앉아.
We put on pants.
우리는 바지를 입어.

We wear shoes.
우리는 신발을 신어.
We protect our feet.
우리는 발을 안전하게 지켜.

First, we put on a jacket.
먼저, 우리는 재킷을 입어.
Then, we go out.
그러면, 우리는 나가.

We put dirty clothes in.
우리는 더러운 옷을 안에 넣어.
In the hamper.
빨래 바구니 안에.

3단계

We wear clothes to cover our body.
We wear shoes to protect our feet.

우리는 몸을 가리기 위해 옷을 입어.
우리는 발을 보호하기 위해 신발을 신어.

First, we put socks on our feet.
Next, we put on shoes over the socks.

먼저, 우리는 발에 양말을 신어.
그 다음, 우리는 양말 위에 신발을 신어.

After we put on our jacket,
we will go out.

우리는 재킷을 입은 다음,
밖으로 나갈 거야.

When we put on pants, we have to
sit on the floor.

우리가 바지를 입을 때 바닥에 앉아야 해.

We have to put our dirty clothes
in the hamper.

우리는 더러운 옷을 빨래 바구니 안에
넣어야 해.

3단계 문장 쓰기 연습

우리말과 같은 뜻이 되도록 문장을 써보세요.

01 _____

우리는 몸을 가리기 위해 옷을 입어.

02 _____

우리는 발을 보호하기 위해 신발을 신어.

03 _____

우리는 양말 위에 신발을 신어.

04 _____

우리는 재킷을 입은 다음, 밖으로 나갈 거야.

05 _____

우리가 바지를 입을 때 바닥에 앉아야 해.

06 _____

우리는 더러운 옷을 빨래 바구니 안에 넣어야 해.

지시하기

아침식사를 할 때 필요한 물건을 가져오거나 사용 후 제자리에 갖다 놓도록 지시해 보자. 또한 특정한 행동을 하도록 지시해 보자.

1단계

Clean underwear. 깨끗한 속옷. Bring. 가져와. From dresser. 서랍장에서.	Purple jacket. 보라색 재킷. Get. 가져와. Hang up. 걸어.	New shirt. 새 셔츠 Pick out. 골라. From closet. 옷장에서.
Black pants. 검은 바지. Fold. 접어. In half. 반으로.	Look around. 둘러 봐. Dirty clothes. 더러운 옷 Pick up. 주워.	Your shoes. 네 신발. Put there. 거기에 놓아. By door. 문 옆에.

2단계

Bring clean underwear.
깨끗한 속옷을 가져와.
From the dresser.
서랍장에서.

Fold these black pants.
이 검은 바지를 접어.
In half.
반으로.

Get the purple jacket.
보라색 재킷을 가져와.
Hang up the jacket.
재킷을 걸어.

Look around the house.
집 안을 둘러봐.
Pick up the dirty clothes.
더러운 옷을 주워.

Pick out a new shirt.
새 셔츠를 골라.
From the closet.
옷장에서.

Put your shoes there.
네 신발을 저기에 놓아.
By the door.
문 옆에.

3단계

Bring clean underwear
from the dresser, please.

서랍장에서 깨끗한 속옷을 가져와줘.

Fold these black pants
in half, please.

이 검은 바지를 반으로 접어줘.

Get the purple jacket and hang it
up, please.

보라색 재킷을 가져와서 걸어줘.

Look around the house and
pick up the dirty clothes, please.

집 안을 둘러보고 더러운 옷을 주워줘.

Pick out a new shirt from the
closet, please.

옷장에서 새 셔츠를 골라줘.

Put your shoes by the door, please.

네 신발을 문 옆에 놓아줘.

3단계 문장 쓰기 연습

우리말과 같은 뜻이 되도록 문장을 써보세요.

01 _____

서랍장에서 깨끗한 속옷을 가져와줘.

02 _____

이 검은 바지를 반으로 접어줘.

03 _____

보라색 재킷을 가져와서 걸어줘.

04 _____

집 안을 둘러보고 더러운 옷을 주워줘.

05 _____

옷장에서 새 셔츠를 골라줘.

06 _____

네 신발을 문 옆에 놓아줘.

혼잣말하기

엄마가 외출 준비를 하고 있다. 엄마의 행동과 생각을 혼잣말로 이야기해 보자.

1단계

My pants. 내 바지.	My jacket. 내 재킷.	My hat. 내 모자.
Zip up. 지퍼 올려.	Wear. 입어.	Put on. 써.
Slowly. 천천히	Chilly outside. 밖이 쌀쌀해.	On head. 머리에.
My wallet. 내 지갑.	My jacket. 내 재킷.	All done. 다 했어.
Put in. 넣어.	Button. 단추 채워.	All dressed. 다 입었어.
In pocket. 주머니 안에.	One, two, three. 한 개, 두 개, 세 개.	Ready. 준비됐어.

2단계

I zip up my pants.
나는 바지 지퍼를 올려.
I zip them up slowly.
나는 천천히 지퍼를 올려.

I wear my jacket.
나는 재킷을 입어.
It is chilly outside.
밖이 쌀쌀해.

I put on my hat.
나는 내 모자를 써.
On my head.
내 머리 위에.

I put my wallet in.
나는 내 지갑을 넣어.
In my pocket.
내 주머니 안에.

I button my jacket.
나는 재킷 단추를 채워.
One at a time.
한 개씩.

I am dressed.
다 입었어.
I am ready.
나는 준비가 됐어.

3단계

I am going to zip up my pants slowly.

나는 바지 지퍼를 천천히 올릴 거야.

I am putting my wallet in my pocket.

나는 주머니에 지갑을 넣고 있어.

I am going to wear my jacket
because it is chilly outside.

나는 밖이 쌀쌀하니까 재킷을 입을 거야.

I am buttoning my jacket, one button
at a time.

나는 재킷의 단추를 한 개씩 채우고 있어.

I am going to put a hat on my head.

나는 머리에 모자를 쓸 거야.

I am all dressed, and ready to go.

나는 옷을 다 입었고 나갈 준비가 됐어.

3단계 문장 쓰기 연습

우리말과 같은 뜻이 되도록 문장을 써보세요.

01 _____

나는 바지 지퍼를 천천히 올릴 거야.

02 _____

나는 주머니에 지갑을 넣고 있어.

03 _____

나는 밖이 쌀쌀하니까 재킷을 입을 거야.

04 _____

나는 재킷의 단추를 한 개씩 채우고 있어.

05 _____

나는 머리에 모자를 쓸 거야.

06 _____

나는 옷을 다 입었고 이제 나갈 준비가 됐어.

중계하기

아이가 옷을 입고 있다. 셔츠 구멍으로 머리를 통과시키고 소매에 팔을 넣고 바지에 다리를 밀어 넣고 있는 아이의 행동을 마치 중계하듯 말해 보자.

1단계

Striped shirt.
줄무늬 셔츠.

White pants.
하얀 바지.

Nice!
멋져!

Your head.
네 머리.

Put through.
통과시켜.

Peekaboo!
까꿍!

Your arms.
네 팔.

Push.
밀어.

One, two.
하나, 둘.

Your legs.
너의 다리.

Into pants.
바지 안에.

One, two.
하나, 둘.

Pants.
바지.

Pull up.
올려.

You did it.
해냈구나.

Your feet.
네 발.

Slip in.
안에 쑥 넣어.

One, two.
하나, 둘.

2단계

You choose a striped shirt.
너는 줄무늬 셔츠를 골라.

You choose white pants.
너는 하얀 바지를 골라.

Nice outfit!
멋진 옷이네!

You put your head in.
너는 머리를 넣어.

Through the hole.
(셔츠) 구멍으로.

Peekaboo!
까꿍!

You push your arms.
너는 팔을 밀어.

Through the sleeves.
소매 사이로.

One arm at a time.
한 팔씩.

You put your legs there.
너는 거기에 다리를 넣어.

Into the pants.
바지에.

One leg at a time.
한 다리씩.

You have pants.
네게 바지가 있네.

You pull up your pants.
너는 바지를 올려.

You did it.
해냈구나.

You slip your feet in.
발을 쑥 넣어.

Into the socks.
양말에.

One foot at a time.
한 발씩.

3단계

You chose a striped shirt and white pants. Nice outfit!

You are putting your head through the (shirt) hole. Peekaboo!

You are pushing your arms through the sleeves, one arm at a time.

You are putting your legs into the pants, one leg at a time.

You pulled up your pants all on your own!

You are slipping your feet into the socks, one foot at a time.

너는 줄무늬 셔츠와 하얀 바지를 골랐네. 멋진 옷이네!

너는 (셔츠) 구멍으로 머리를 넣고 있네. 까꿍!

너는 소매 사이로 한 팔씩 밀어 넣고 있네.

너는 바지에 한 다리씩 넣고 있네.

너는 바지를 스스로 올려 입었구나!

너는 양말에 한 발씩 넣고 있네.

3단계 문장 쓰기 연습

우리말과 같은 뜻이 되도록 문장을 써보세요.

01 _____

너는 줄무늬 셔츠와 하얀 바지를 골랐네.

02 _____

너는 (셔츠) 구멍으로 머리를 넣고 있네.

03 _____

너는 소매 사이로 한 팔씩 밀어 넣고 있네.

04 _____

너는 바지에 한 다리씩 넣고 있네.

05 _____

너는 바지를 스스로 올려 입었구나!

06 _____

너는 양말에 한 발씩 넣고 있네.

외출 전 재킷을 입으려고 한다. 아이에게 미완성된 표현을 완성하도록 유도해 보자.

1단계

엄마: Look!
　　　Brrr! Chilly.
　　　Wear…? /j/, /j/
아이: …
엄마: Say "jacket."
아이: Jacket.
엄마: Yes. Jacket. Wear jacket.
　　　Get.
　　　From…? /k/, /k/
아이: Closet.
엄마: Yes. Jacket.
　　　From closet.

엄마: 봐! (창문 가리키기)
　　　부르르! 쌀쌀해. (부들부들 떠는 몸동작 보여주기)
　　　입어, 뭘…? /재/, /재/ (완성하기)
아이: (대답 없음)
엄마: "재킷"이라고 말해 봐. (모델링하기)
아이: 재킷.
엄마: 그래. 재킷. 재킷 입어. (반복하기, 확장하기)
　　　가져와.
　　　어디에서…? /옷/, /옷/ (완성하기, 옷장 가리키기)
아이: 옷장. (옷장에서 재킷을 가져온 아이)
엄마: 그래. 재킷.
　　　옷장에서. (확장하기)

2단계

엄마: Look outside!
It is chilly.
We wear a…? /j/, /j/

아이: Jacket.

엄마: Yes. A jacket.
We wear a jacket.
Get a jacket.
From the…? /k/, /k/

아이: Closet.

엄마: Yes. From the closet.
You get a jacket.
From the closet.

엄마: 밖을 봐! (창문 가리키기)
쌀쌀해. (부들부들 떠는 몸동작 보여주기)
우리는 입어, 뭘…? /재/, /재/ (완성하기)

아이: 재킷.

엄마: 그래. 재킷. (반복하기, 확장하기)
우리는 재킷을 입어. (확장하기)
재킷을 가져와.
어디에서..? /옷/, /옷/ (완성하기, 옷장 가리키기)

아이: 옷장. (옷장에서 재킷을 가져온 아이)

엄마: 그래. 옷장에서. (반복하기, 확장하기)
네가 재킷을 가져와.
옷장에서.

3단계

엄마: Look out the window!
It is chilly outside.
When it is chilly. we should
wear…?

아이: Jacket.

엄마: Yes. Wear a jacket.
When it is chilly. we should
wear a jacket.
Get a jacket from the…?

아이: Closet.

엄마: Yes. From the closet.
Get a jacket from the closet.
please.

엄마: 창문 밖을 봐! (창문 가리키기)
바깥 날씨가 쌀쌀해.
날이 쌀쌀하면, 우리는 입어야 해, 뭘…?
(완성하기)

아이: 재킷.

엄마: 그래. 재킷을 입어. (반복하기, 확장하기)
날이 쌀쌀하면, 우리는 재킷을 입어야 해.
(확장하기)
재킷을 가져와, 어디에서..? (완성하기)

아이: 옷장. (옷장에서 재킷을 가져온 아이)

엄마: 그래. 옷장에서. (반복하기, 확장하기)
옷장에서 재킷을 가져다줘.

3단계 문장 쓰기 연습

우리말과 같은 뜻이 되도록 문장을 써보세요.

01 _____

창문 밖을 봐!

02 _____

바깥 날씨가 쌀쌀해.

03 _____

날이 쌀쌀하면, 우리는 재킷을 입어야 해.

04 _____

옷장에서 재킷을 가져다줘.

선택하기 | 확장하기 | 반복하기

갈아입을 셔츠를 선택해야 하는 상황이다. 초록색 셔츠와 노란색 셔츠 중 어떤 셔츠를 원하는지 선택하기 전략을 사용하여 대답을 유도해 보자.

1단계

엄마: Two shirts.
아이: …
엄마: Which one?
   Green or yellow?
아이: Green.
엄마: I see. Green shirt.
   Want green shirt.
   Here it is.
	엄마: 셔츠 두 벌. (셔츠 보여주기)
	아이: (아이의 다양한 반응)
	엄마: 어떤 것?
	   초록색 아니면 노란색? (선택하기)
	아이: 초록색.
	엄마: 그렇구나. 초록색 셔츠. (반복하기)
	   초록색 셔츠를 원하는구나. (확장하기)
	   여기 있어. (초록색 셔츠를 건네주기)

2단계

엄마: I have two shirts.

아이: …

엄마: Which one do you want?
The green shirt or
the yellow shirt?

아이: Green shirt.

엄마: I see. The green shirt.
You want the green shirt.
Here it is.

엄마: 내게 셔츠 두 벌이 있어.

아이: (아이의 다양한 반응)

엄마: 어떤 것을 원해?
초록색 셔츠 아니면 노란색 셔츠?
(선택하기)

아이: 초록색 셔츠.

엄마: 그렇구나. 초록색 셔츠. (반복하기)
너는 초록색 셔츠를 원하는구나. (확장하기)
여기 있어.

3단계

엄마: I brought out two shirts.

아이: …

엄마: Which one do you want to wear?
Do you want the green one or
the yellow one?

아이: Green one.

엄마: I see. The green one.
You want to wear the green shirt.
Here it is.

엄마: 내가 셔츠 두 벌을 가져왔어.

아이: (아이의 다양한 반응)

엄마: 어떤 것을 입고 싶어?
초록색 셔츠를 원해 아니면
노란색 셔츠를 원해? (선택하기)

아이: 초록색 셔츠.

엄마: 그렇구나. 초록색 셔츠. (반복하기)
너는 초록색 셔츠를 입고 싶구나. (확장)
여기 있어.

3단계 문장 쓰기 연습

우리말과 같은 뜻이 되도록 문장을 써보세요.

01 _____

내가 셔츠 두 벌을 가져왔어.

02 _____

어떤 것을 입고 싶어?

03 _____

초록색 셔츠를 원해 아니면 노란색 셔츠를 원해?

04 _____

너는 초록색 셔츠를 입고 싶구나.

실수하기 | 혼잣말하기 | 중계하기

엄마가 실수로 재킷을 뒤집어 입었다. 실수를 바로잡으며 다양한 표현

을 제공해 주자.

1단계

엄마: All dressed.	엄마: 다 입었어. (실수하기, 재킷을 뒤집어 입은 엄마)
아이: …	아이: (아이의 다양한 반응)
엄마: Oops! Silly me!	엄마: 아이고! 나 왜 이러지! (혼잣말하기)
My jacket.	내 재킷.
Inside out.	뒤집어졌어.
아이: …	아이: (아이의 다양한 반응)
엄마: Help me.	엄마: 도와줘.
아이: …	아이: (엄마의 재킷을 뒤집는 아이)
엄마: Turn it.	엄마: 뒤집네. (중계하기)
Right side out.	똑바로.
아이: …	아이: (엄마에게 재킷을 건네주는 아이)
엄마: Thank you.	엄마: 고마워.

2단계

엄마: I am all dressed.

아이: …

엄마: Oops! Silly me!

　　 I wear my jacket.

　　 Inside out.

아이: …

엄마: Help me.

아이: …

엄마: You turn my jacket.

　　 Right side out.

아이: …

엄마: Thank you.

엄마: 나 옷 다 입었어. (실수하기, 재킷을 뒤집어 입은 엄마)

아이: (아이의 다양한 반응)

엄마: 아이고! 나 왜 이러지! (혼잣말하기)

　　 나는 재킷을 입어.

　　 뒤집어진 채로

아이: (아이의 다양한 반응)

엄마: 도와줘.

아이: (엄마의 재킷을 뒤집는 아이)

엄마: 너는 내 재킷을 뒤집네. (중계하기)

　　 똑바로.

아이: (엄마에게 재킷을 건네주는 아이)

엄마: 고마워.

3단계

엄마: I am all dressed now.

　　 How do I look?

아이: …

엄마: Oops! Silly me!

　　 I wore my jacket inside out

　　 by mistake.

아이: …

엄마: Please help me turn it right

　　 side out.

아이: …

엄마: You are turning my jacket

　　 right side out.

아이: …

엄마: Thank you.

엄마: 이제 옷을 다 입었어.

　　 나 어때? (실수하기, 재킷을 뒤집어 입은 엄마)

아이: (아이의 다양한 반응)

엄마: 아이고! 나 왜 이러지! (혼잣말하기)

　　 내가 실수로 재킷을 뒤집어 입었네.

아이: (아이의 다양한 반응)

엄마: 재킷을 똑바로 뒤집을 수 있도록 도와줘.

아이: (엄마의 재킷을 뒤집는 아이)

엄마: 네가 내 재킷을 똑바로 뒤집고 있네.

　　 (중계하기)

아이: (엄마에게 재킷을 건네주는 아이)

엄마: 고마워.

3단계 문장 쓰기 연습

우리말과 같은 뜻이 되도록 문장을 써보세요.

01 _____

이제 옷을 다 입었어.

02 _____

나 어때?

03 _____

내가 실수로 재킷을 뒤집어 입었네.

04 _____

재킷을 똑바로 뒤집을 수 있도록 도와줘.

05 _____

네가 내 재킷을 똑바로 뒤집고 있네.

바보흉내

신발 위에 양말을 신어보자. 아이와 함께 주어진 엉뚱한 문제를 해결하며 다양한 표현을 제공해 주자.

1단계

엄마: Ready.
　　　Let's go!
아이: …
엄마: No? Something wrong?
아이: …
엄마: Ah ha!
　　　First, my socks.
　　　Then, my shoes.
　　　Right?
아이: …
엄마: Thank you.

엄마: 준비됐어. (신발 위에 양말을 신은 엄마)
　　　나가재!
아이: (아이의 다양한 반응)
엄마: 아니야? 뭐가 잘못됐어?
아이: (신발 위에 양말을 신었다고 지적하는 아이)
엄마: 아하!
　　　먼저, 양말.
　　　그리고 나서, 신발.
　　　맞지?
아이: (아이의 다양한 반응)
엄마: 고마워.

2단계

엄마: I am ready.
　　　I go out.
　　　How do I look?
아이: …
엄마: No? Is something wrong?
아이: …
엄마: Ah ha!
　　　First, I put on socks.
　　　Then, I put on shoes.
　　　Am I right?
아이: …
엄마: Thank you.

엄마: 나는 준비가 됐어.
　　　나는 나가.
　　　나 어때? (신발 위에 양말을 신은 엄마)
아이: (아이의 다양한 반응)
엄마: 아니야? 뭐가 잘못됐어?
아이: (신발 위에 양말을 신었다고 지적하는 아이)
엄마: 아하!
　　　먼저, 나는 양말을 신어.
　　　그리고 나서, 나는 신발을 신어.
　　　내 말이 맞지?
아이: (아이의 다양한 반응)
엄마: 고마워.

3단계

엄마: I am ready to go out.
　　　How do I look?
아이: …
엄마: No? Is something wrong?
아이: …
엄마: Ah ha! My socks should go on first.
　　　Then, I should put on my shoes.
　　　Am I right?
아이: …
엄마: Thank you for letting me know.

엄마: 나갈 준비가 됐어.
　　　나 어때? (신발 위에 양말을 신은 엄마)
아이: (아이의 다양한 반응)
엄마: 아니야? 뭐가 잘못됐어?
아이: (신발 위에 양말을 신었다고 지적하는 아이)
엄마: 아하! 양말을 먼저 신어야 하는구나.
　　　그리고 나서, 신발을 신어야 하는구나.
　　　내 말이 맞지?
아이: (아이의 다양한 반응)
엄마: 알려줘서 고마워.

3단계 문장 쓰기 연습

우리말과 같은 뜻이 되도록 문장을 써보세요.

01 _____

나갈 준비가 됐어.

02 _____

나 어때?

03 _____

뭐가 잘못됐어?

04 _____

아하! 양말을 먼저 신어야 하는구나.

05 _____

그리고 나서, 신발을 신어야 하는구나.

06 _____

알려줘서 고마워.

상황조작

일부러 구멍난 양말을 신고 있다. 아이에게 서랍에서 다른 양말을 가져와 달라고 도움을 요청해 보자. 아이가 주목할 만한 상황을 연출하며 다양한 표현을 제공해 주자.

1단계

엄마: Oh no! 　　Hole. 　　In sock. 아이: … 엄마: New socks. 　　Bring. 　　From dresser. 아이: … 엄마: Socks. 　　No holes.	엄마: 오 이런! (구멍난 양말 보여주기) 　　구멍. 　　양말에. 아이: (아이의 다양한 반응) 엄마: 다른 양말 　　가져와. 　　서랍장에서. (서랍장 가리키기) 아이: (엄마에게 양말을 건네주는 아이) 엄마: 양말이네. (중계하기) 　　구멍이 없어.

2단계

엄마: Oh no!

There is a hole.

In my sock.

아이: …

엄마: Bring me new socks.

From my dresser.

아이: …

엄마: You bring the socks.

These socks have no holes.

엄마: 오 이런! (구멍난 양말 보여주기)

구멍이 있네.

내 양말에.

아이: (아이의 다양한 반응)

엄마: 다른 양말을 가져와.

내 서랍장에서. (서랍장 가리키기)

아이: (엄마에게 양말을 건네주는 아이)

엄마: 네가 양말을 가져오네. (중계하기)

이 양말은 구멍이 없어.

3단계

엄마: Oh no! There is a hole in my sock.

아이: …

엄마: Could you bring me new socks

from my dresser, please?

아이: …

엄마: You brought the socks to me.

These socks have no holes in them.

엄마: 오 이런! 내 양말에 구멍이 났네.

아이: (아이의 다양한 반응)

엄마: 내 서랍장에서 다른 양말을

가져다 주겠니?

아이: (엄마에게 양말을 건네주는 아이)

엄마: 내게 양말을 가져왔네. (중계하기)

이 양말은 구멍이 없어.

3단계 문장 쓰기 연습

우리말과 같은 뜻이 되도록 문장을 써보세요.

01 _____

오 이런! 내 양말에 구멍이 났네.

02 _____

내 서랍장에서 다른 양말을 가져다주겠니?

03 _____

내게 양말을 가져왔네.

04 _____

이 양말은 구멍이 없어.

05

청소하기

명명하기

놀이 후 방을 청소하려고 한다. 이때 아이가 보고 만지고 있는 사물의
이름과 위치를 명명해 보자.

1단계

Ball.
공.
Behind door.
문 뒤에.

Blanket.
이불.
Under bed.
침대 아래에.

Sticker.
스티커.
On windowsill.
창턱에.

Crayon.
크레용.
On floor.
바닥에.

Blocks.
블록들.
In corner.
구석에.

Play dough.
플레이 도우.
On table.
탁자 위에.

2단계

This is a ball.
이것은 공이야.
Behind the door.
문 뒤에.

This is a sticker.
이것은 스티커야.
On the windowsill.
창턱에.

These are blocks.
이것들은 블록이야.
In the corner.
구석에.

This is a blanket.
이것은 이불이야.
Under the bed.
침대 아래에.

These are crayons.
이것들은 크레용이야.
On the floor.
바닥에.

This is play dough.
이것은 플레이 도우야.
On the table.
탁자 위에.

3단계

There is a ball behind the door.

There is a blanket under the bed.

There is a sticker on the windowsill.

There are crayons on the floor.

There are blocks in the corner.

There is play dough on the table.

문 뒤에 공이 있어.

침대 아래에 이불이 있어.

창턱에 스티커가 붙어 있어.

바닥에 크레용들이 있어.

구석에 블록들이 있어.

탁자 위에 플레이 도우가 있어.

3단계 문장 쓰기 연습

우리말과 같은 뜻이 되도록 문장을 써보세요.

01 _____

문 뒤에 공이 있어.

02 _____

침대 아래에 이불이 있어.

03 _____

창턱에 스티커가 붙어 있어.

04 _____

바닥에 크레용들이 있어.

05 _____

구석에 블록들이 있어.

06 _____

탁자 위에 플레이 도우가 있어.

묘사하기

아이의 방 안에 있는 친숙한 물건들의 특징을 묘사해 보자.

1단계

Round ball.
둥근 공.

Bouncy ball.
통통 튀는 공.

Soft blanket.
부드러운 이불.

Fuzzy blanket.
보송보송한 이불.

Small sticker.
작은 스티커.

Colorful sticker.
알록달록한 스티커.

Blue crayon.
파란 크레용.

Short crayon.
짧은 크레용.

Hard block.
딱딱한 블록.

Sturdy block.
튼튼한 블록.

Red play dough.
빨간 플레이 도우.

Squishy play dough.
말랑말랑한 플레이 도우.

2단계

The ball is round.
공은 둥글어.
The ball is bouncy.
공은 통통 튀어.

The blanket is soft.
이불은 부드러워.
The blanket is fuzzy.
이불은 보송보송해.

The sticker is small.
스티커는 작아.
The sticker is colorful.
스티커는 알록달록해.

The crayon is blue.
크레용은 파래.
The crayon is short.
크레용은 짧아.

The block is hard.
블록은 딱딱해.
The block is sturdy.
블록은 튼튼해.

The play dough is red.
플레이 도우는 빨간색이야.
The play dough is squishy.
플레이 도우는 말랑말랑해.

3단계

The ball is round and bouncy.

The blanket is soft and fuzzy.

The sticker is small and colorful.

The crayon is blue and short.

The block is hard and sturdy.

The play dough is red and squishy.

공은 둥글고 통통 튀어.

이불은 부드럽고 보송보송해.

스티커는 작고 알록달록해.

크레용은 파랗고 짧아.

블록은 딱딱하고 튼튼해.

플레이 도우는 빨갛고 말랑말랑해.

3단계 문장 쓰기 연습

우리말과 같은 뜻이 되도록 문장을 써보세요.

01 _____

공은 둥글고 통통 튀어.

02 _____

이불은 부드럽고 보송보송해.

03 _____

스티커는 작고 알록달록해.

04 _____

크레용은 파랗고 짧아.

05 _____

블록은 딱딱하고 튼튼해.

06 _____

플레이 도우는 빨갛고 말랑말랑해.

비교하기

두 대상의 특징, 대상이 놓인 위치, 두 사람의 행동의 차이를 비교해
보자.

1단계

Cracked car. 부서진 차. Okay car. 괜찮은 차.	Teddy bear. 곰인형. Near. 가까이.	Dolls. 인형들. You pick up. 너는 주워.
Ripped book. 찢어진 책. Fine book. 멀쩡한 책.	Blocks. 블록들. Far. 멀리.	Books. 책들. I put away. 나는 갖다 놓아.

2단계

This car is cracked.
이 차는 금이 갔어.
This car is okay.
이 차는 괜찮아.

This book is ripped.
이 책은 찢어졌어.
This book is fine.
이 책은 멀쩡해.

There is a teddy bear.
곰인형이 있어.
Near me.
내 가까이.

There are blocks.
블록들이 있어.
Far from me.
내게서 멀리.

You pick up the dolls.
너는 인형들을 주워.
From the floor.
바닥으로 부터.

I put away books.
나는 책들을 갖다 놓아.
On the bookshelf.
책장에.

3단계

This car is cracked, but this car is okay.

This book is ripped, but this book is fine.

The teddy bear is near me, but
the blocks are far from me.

You are picking up the dolls from the
floor, and I am putting away the books
on the bookshelf.

이 차는 금이 갔지만, 이 차는 괜찮아.

이 책은 찢어졌지만, 이 책은 멀쩡해.

곰인형은 가까이에 있지만,
블록들은 멀리 떨어져 있어.

너는 바닥에서 인형들을 줍고 있고,
나는 책들을 책장에 갖다 놓고 있어.

3단계 문장 쓰기 연습

우리말과 같은 뜻이 되도록 문장을 써보세요.

01 _____

이 차는 금이 갔지만, 이 차는 괜찮아.

02 _____

이 책은 찢어졌지만, 이 책은 멀쩡해.

03 _____

곰인형은 가까이에 있어.

04 _____

블록들은 멀리 떨어져 있어.

05 _____

너는 바다에서 인형들을 줍고 있어.

06 _____

나는 책들을 책장에 갖다 놓고 있어.

표현하기

아이와 함께 방을 청소하고 있다. 부서진 장난감에 대한 이야기와 지저분한 방을 함께 청소하는 등 다양한 상황 속에서 경험하는 감정을 모델링을 통해 적절하게 표현해 보자.

1단계

Broken car. 부서진 차.	**Messy room.** 지저분한 방.	**Clean house.** 깨끗한 집.
Sad. 슬퍼.	**Not happy.** 마음에 들지 않아.	**Happy.** 마음에 들어.
Need tape. 테이프가 필요해.	**Want help.** 도움이 필요해.	**Thank you.** 고마워.
Fix. 고쳐.	**Clean up.** 치워.	**We did it.** 우리가 해냈어.

2단계

My car broke.
내 차가 부서졌어.

I am sad.
나는 슬퍼.

I need tape.
나는 테이프가 필요해.

I fix it.
내가 고쳐.

The room is messy.
방이 지저분해.

I am not happy.
나는 마음에 들지 않아.

I want your help.
나는 네 도움을 원해.

We clean up the room.
우리는 방을 치워.

The house is clean.
집이 깨끗해.

I am happy.
나는 마음에 들어.

Thank you for your help.
도와줘서 고마워.

We did it.
우리가 해냈어.

3단계

I am sad because the car broke into pieces.

I need tape so that I can fix it.

I am not happy when the room is messy.

Please help me clean up the room.

I am happy when the house is clean.

Thank you for helping me clean up.

나는 차가 부서졌기 때문에 슬퍼.

고칠 수 있도록 테이프가 필요해.

방이 지저분하면 마음에 들지 않아.

방 청소 좀 도와줘.

집이 깨끗하면 마음에 들어.

청소를 도와줘서 고마워.

3단계 문장 쓰기 연습

우리말과 같은 뜻이 되도록 문장을 써보세요.

01 _____

나는 차가 부서졌기 때문에 슬퍼.

02 _____

고칠 수 있도록 테이프가 필요해.

03 _____

방이 지저분하면 마음에 들지 않아.

04 _____

방 청소 좀 도와줘.

05 _____

집이 깨끗하면 마음에 들어.

06 _____

청소를 도와줘서 고마워.

설명하기

First ➡ Next

아이에게 친숙한 물건의 용도, 진행 순서, 지켜야 할 생활 수칙에 대해서 설명해 보자.

1단계

Use crayons.
크레용을 사용해.
Draw.
그림을 그려.

First, clean up.
먼저, 청소해.
Next, snacks.
그 다음에, 간식.

Pick up.
주워.
Or trip.
안 그러면 (걸려) 넘어져.

Use blocks.
블록을 사용해.
Build.
(탑을) 세워.

First, toys away.
먼저, 장난감들을 치워.
Then, new toys.
그러면, 새로운 장난감들.

Tidy up.
집을 깨끗이 해.
Everyday.
매일.

2단계

We use our crayons.
우리는 크레용을 사용해.

We draw pictures.
우리는 그림을 그려.

We use our blocks.
우리는 블록을 사용해.

We build towers.
우리는 탑을 세워.

First, we clean up our room.
먼저, 우리는 방을 청소해.

Then, we have snacks.
그러면, 우리는 간식을 먹어.

First, we put these toys away.
먼저, 우리는 이 장난감들을 치워.

Then, we take out new toys.
그런 다음, 우리는 새 장난감들을 꺼내.

We pick up toys.
우리는 장난감들을 주워.

Or we trip.
안 그러면 우리가 넘어져.

We tidy up our house.
우리는 집을 깨끗이 정리해.

We do it everyday.
우리는 매일 그렇게 해.

3단계

We use our crayons to draw pictures.
우리는 그림을 그리기 위해 크레용을 사용해.

We use our blocks to build towers.
우리는 탑을 세우기 위해 블록을 사용해.

First, we clean up our room, and then
we can have snacks.
먼저, 우리는 방을 청소한 다음에
간식을 먹을 수 있어.

First, we put these toys away, and then
we can take out new ones.
먼저, 우리는 이 장난감들을 치운 다음에
새로운 장난감들을 꺼낼 수 있어.

We have to pick up the toys,
or we will trip over them.
우리는 장난감들을 주워야 해,
안 그러면 걸려 넘어질 거야.

We have to tidy up our house every day.
우리는 매일 집을 깔끔하게 정돈해야 해.

3단계 문장 쓰기 연습

우리말과 같은 뜻이 되도록 문장을 써보세요.

01 _____

우리는 그림을 그리기 위해 크레용을 사용해.

02 _____

우리는 탑을 세우기 위해 블록을 사용해.

03 _____

먼저, 우리는 방을 청소한 다음에 간식을 먹을 수 있어.

04 _____

먼저, 우리는 이 장난감들을 치운 다음에 새로운 장난감들을 꺼낼
수 있어.

05 _____

우리는 장난감들을 주워야 해, 안 그러면 걸려 넘어질 거야.

06 _____

우리는 매일 집을 깔끔하게 정돈해야 해.

지시하기

청소를 할 때 물건을 제자리에 갖다 놓거나 특정한 행동을 하도록 지
시해 보자.

1단계

Your toys.
네 장난감들.
Put away.
치워.
In bin.
통 안에.

Bin.
통.
Push.
밀어.
Under bed.
침대 밑으로.

Soccer ball.
축구공.
On floor.
바닥에.
Pick up.
주워.

Trash bag.
쓰레기 봉투.
From drawer.
서랍에서.
Take out.
꺼내.

Yellow block.
노란색 블록.
Behind you.
네 뒤에.
Bring.
가져와.

Small sticker.
작은 스티커.
On windowsill.
창턱에.
Take off.
떼어내.

2단계

Put away your toys.
장난감들을 치워.
In the bin.
통 안에.

Push the bin.
통을 밀어.
Under the bed.
침대 밑으로.

Pick up the soccer ball.
축구공을 주워.
On the floor.
바닥에.

Take out a trash bag.
쓰레기 봉투를 꺼내.
From the drawer.
서랍에서.

Bring the yellow block.
노란색 블록을 가져와.
Behind you.
네 뒤에.

Take off the sticker.
스티커를 떼.
On the windowsill.
창턱에.

3단계

Put away your toys in the bin, please.

Push the bin under the bed, please.

Pick up the soccer ball on the floor, please.

Take out a trash bag from the drawer, please.

Bring the yellow block behind you, please.

Take off the small sticker on the windowsill, please.

장난감들을 통 안에 치워줘.

통을 침대 밑으로 밀어 넣어줘.

바닥에 있는 축구공을 주워줘.

서랍에서 쓰레기 봉투를 꺼내줘.

뒤에 있는 노란색 블록을 가져다줘.

창턱에 붙은 작은 스티커를 떼어줘.

3단계 문장 쓰기 연습

우리말과 같은 뜻이 되도록 문장을 써보세요.

01 _____

장난감들을 통 안에 치워줘.

02 _____

통을 침대 밑으로 밀어 넣어줘.

03 _____

바닥에 있는 축구공을 주워줘.

04 _____

서랍에서 쓰레기 봉투를 꺼내줘.

05 _____

뒤에 있는 노란색 블록을 가져다줘.

06 _____

창턱에 붙은 작은 스티커를 떼어줘.

혼잣말하기

엄마가 청소를 하고 있다. 엄마의 행동과 생각을 혼잣말로 이야기해보
자.

1단계

Puzzle piece. 퍼즐조각.	Toys. 장난감들.	Fork. 포크.
Here. 여기.	Check. 확인해.	Put in. 안에 넣어.
In between cushions. 쿠션들 사이에.	Under bed. 침대 밑에.	In sink. 개수대 안에.
Crumbs. 부스러기들.	Crayon marks. 크레용 자국들.	Floor. 바닥.
Vacuum. 청소기로 치워.	Scrub. (문질러) 닦아.	Clean. 청소해.
Off floor. 바닥에서.	On wall. 벽에.	With mop. 대걸레로.

2단계

I found a puzzle piece.
나는 퍼즐조각을 찾았어.
In between the cushions.
쿠션들 사이에서.

I vacuum the crumbs.
나는 부스러기들을 청소기로 치워.
Off the floor.
바닥에서.

I check for more toys.
나는 장난감들이 더 있는지 확인해.
Under the bed.
침대 밑에.

I scrub the crayon marks.
나는 크레용 자국들을 닦아.
On the wall.
벽에.

I put the fork in.
나는 포크를 안에 넣어.
In the sink.
개수대 안에.

I clean the floor.
나는 바닥을 닦아.
With a mop.
대걸레로.

3단계

I found a puzzle piece in between the cushions.

나는 쿠션들 사이에서 퍼즐조각을 찾았어.

I am going to vacuum the crumbs off the floor.

나는 바닥에 흘린 부스러기들을 청소기로 치울 거야.

I am checking for more toys under the bed.

나는 장난감들이 더 있는지 침대 밑을 확인하고 있어.

I am scrubbing the crayon marks on the wall.

나는 벽에 묻은 크레용 자국들을 닦고 있어.

I put the fork in the sink.

나는 포크를 개수대 안에 넣었어.

I mopped the sticky floor.

나는 대걸레로 끈적거리는 바닥을 닦았어.

3단계 문장 쓰기 연습

우리말과 같은 뜻이 되도록 문장을 써보세요.

01 _____

   나는 쿠션들 사이에서 퍼즐조각을 찾았어.

02 _____

   나는 바닥에 흘린 부스러기들을 청소기로 치울 거야.

03 _____

   나는 장난감들이 더 있는지 침대 밑을 확인하고 있어.

04 _____

   나는 벽에 묻은 크레용 자국들을 (문질러) 닦고 있어.

05 _____

   나는 포크를 개수대 안에 넣었어.

06 _____

   나는 대걸레로 끈적거리는 바닥을 닦았어.

중계하기

아이가 방을 청소하고 있다. 아이의 행동과 생각을 마치 중계하듯 말
해 보자.

1단계

Play dough.
플레이 도우.
Put away.
치워.
In bin.
통 안에.

Window.
창문.
Spray.
뿌려.
With water.
물로.

Toys.
장난감들.
Line up.
한 줄로 세워.
On shelf.
선반 위에.

Pillows.
베개들.
Fix.
정돈해.
On bed.
침대 위에.

Floor.
바닥.
Sweep.
쓸어.
With broom.
빗자루로.

Puzzle pieces.
퍼즐조각들.
Put in.
안에 넣어.
In box.
상자 안에.

2단계

You put away the play dough.
너는 플레이 도우를 치워.
In the bin.
통 안에.

You line up the toys.
너는 장난감들을 한 줄로 세워.
On the shelf.
선반에.

You sweep the floor.
너는 바닥을 쓸어.
With a broom.
빗자루로.

You spray water.
너는 물을 뿌려.
On the window.
창문에.

You fix the pillows.
너는 베개들을 정돈해.
On the bed.
침대에.

You put puzzle pieces in.
너는 퍼즐조각들을 안에 넣어.
In the box.
상자 안에.

3단계

You put away the play dough in the bin.
너는 통 안에 플레이 도우를 넣었네.

You are spraying water on the window.
너는 창문에 물을 뿌리고 있네.

You lined up the toys on the shelf.
너는 선반 위에 장난감들을 한 줄로 세웠네.

You fixed the pillows on the bed.
너는 침대에 있는 베개들을 정돈했네.

You are sweeping the floor with a broom.
너는 빗자루로 바닥을 쓸고 있네.

You are putting puzzle pieces in the box.
너는 상자 안에 퍼즐조각들을 넣고 있네.

3단계 문장 쓰기 연습

우리말과 같은 뜻이 되도록 문장을 써보세요.

01 _____

너는 통 안에 플레이 도우를 넣었네.

02 _____

너는 창문에 물을 뿌리고 있네.

03 _____

너는 선반 위에 장난감들을 한 줄로 세웠네.

04 _____

너는 침대에 있는 베개들을 정돈했네.

05 _____

너는 빗자루로 바닥을 쓸고 있네.

06 _____

너는 상자 안에 퍼즐조각들을 넣고 있네.

청소하던 중 침대 아래에서 숟가락을 발견했다. 아이에게 미완성된 표현을 완성하도록 유도해 보자.

1단계

엄마: Look! Spoon.
　　　Under…? /b/, /b/
아이: …
엄마: Say "bed."
아이: Bed.
엄마: Yes. Under bed.
　　　Bring.
아이: …
엄마: Put spoon in.
　　　In…? /s/, /s/
아이: …
엄마: Say "sink."
아이: Sink.
엄마: Yes. In sink.
　　　Put spoon in.
　　　In sink.

엄마: 봐! 숟가락. (침대 아래 숟가락 가리키기)
　　　어디 아래…? /침/, /침/ (완성하기, 침대 가리키기)
아이: (대답 없음)
엄마: "침대"라고 말해 봐. (모델링하기)
아이: 침대.
엄마: 그래. 침대 아래. (반복하기, 확장하기)
　　　가져와.
아이: (침대 아래에서 숟가락을 가져온 아이)
엄마: 숟가락을 안에 넣어. (개수대 가리키기)
　　　어디에…? /개/, /개/ (완성하기)
아이: (대답 없음)
엄마: "개수대"라고 말해 봐. (모델링하기)
아이: 개수대.
엄마: 그래. 개수대 안에. (반복하기, 확장하기)
　　　숟가락을 안에 넣어. (확장하기)
　　　개수대 안에.

2단계

엄마: Look! I found a spoon.
　　　Under the…? /b/. /b/
아이: Bed.
엄마: Yes. Under the bed.
　　　There is a spoon.
　　　Under the bed.
　　　Bring it to me.
아이: …
엄마: We put this spoon in.
　　　In the…? /s/. /s/
아이: Sink.
엄마: Yes. In the sink.
　　　We put this spoon in.
　　　In the sink.

엄마: 봐! 숟가락을 찾았어. (침대 아래 숟가락 가리키기)
　　　어디 아래에…? /침/. /침/ (완성하기, 침대 가리키기)
아이: 침대.
엄마: 그래. 침대 아래에. (반복하기, 확장하기)
　　　숟가락이 있어. (확장하기)
　　　침대 아래에.
　　　내게 가져다줘.
아이: (침대 아래에서 숟가락을 가져온 아이)
엄마: 우리는 이 숟가락을 안에 넣어.
　　　어디 안에…? /개/. /개/ (완성하기)
아이: 개수대.
엄마: 그래. 개수대 안에. (반복하기, 확장하기)
　　　우리는 이 숟가락을 안에 넣어. (확장하기)
　　　개수대 안에.

3단계

엄마: Look!
　　　I found a spoon under the…?
아이: Bed.
엄마: Yes. Under the bed.
　　　There is a spoon under the bed.
　　　Will you bring it to me?
아이: …
엄마: Where should we put this spoon?
　　　In the…
아이: Sink.
엄마: Yes. In the sink.
　　　We should put this spoon
　　　in the sink.

엄마: 봐!
　　　내가 숟가락을 찾았어 어디 아래에서…?
　　　(완성하기)
아이: 침대.
엄마: 그래. 침대 아래에서. (반복하기, 확장하기)
　　　침대 아래에 숟가락이 있네. (확장하기)
　　　내게 가져다줄래?
아이: (침대 아래에서 숟가락을 가져온 아이)
엄마: 이 숟가락을 어디에 놓아야 하지?
　　　어디 안에…? (완성하기)
아이: 개수대.
엄마: 그래. 개수대 안에. (반복하기, 확장하기)
　　　우리는 이 숟가락을 개수대 안에 넣어야 해.
　　　(확장하기)

3단계 문장 쓰기 연습

우리말과 같은 뜻이 되도록 문장을 써보세요.

01 _____

   내가 침대 아래에서 숟가락을 찾았어.

02 _____

   내게 가져다줄래?

03 _____

   이 숟가락을 어디에 놓아야 하지?

04 _____

   숟가락을 개수대 안에 넣어야 해.

선택하기 | 확장하기 | 반복하기

청소시간에 무엇을 치울지 선택해야 하는 상황이다. 바닥에 놓인 블록들과 책들 중 어떤 것들을 치우고 싶은지 선택하기 전략을 사용하여 대답을 유도해 보자.

1단계

엄마: Clean up!	엄마: 청소!
아이: …	아이: (아이의 다양한 반응)
엄마: Blocks or books?	엄마: 블록들 아니면 책들? (선택하기)
아이: Blocks.	아이: 블록들.
엄마: I see. Blocks.	엄마: 그렇구나. 블록들. (반복하기)
Pick up blocks.	블록들을 주워. (확장하기)
아이: …	아이: (바닥에 떨어진 블록들을 줍는 아이)
엄마: Pick up blocks.	엄마: 블록들을 줍네. (중계하기)
One, two, three…	한 개, 두 개, 세 개…

2단계

엄마: Time to clean up!
Pick up the blocks?
Or put away the books?
아이: Blocks.
엄마: I see. Blocks.
아이: …
엄마: You pick up the blocks.
From the floor.

엄마: 청소할 시간!
블록들을 주울래?
아니면 책들을 치울래. (선택하기)
아이: 블록들.
엄마: 그렇구나. 블록들. (반복하기)
아이: (바닥에 떨어진 블록을 줍는 아이)
엄마: 네가 블록들을 줍네. (중계하기)
바닥에서.

3단계

엄마: It is time to clean up your room!
Do you want to pick up the blocks
or put away the books?
아이: Pick up the blocks.
엄마: I see. Pick up the blocks.
You want to pick up the blocks.
아이: …
엄마: You are picking up the blocks
from the floor.

엄마: 네 방을 치울 시간이야!
블록들을 줍고 싶니 아니면
책들을 치우고 싶니? (선택하기)
아이: 블록들을 주울래요.
엄마: 그렇구나. 블록들을 주워. (반복하기)
너는 블록들을 줍고 싶구나. (확장하기)
아이: (바닥에 떨어진 블록들을 줍는 아이)
엄마: 너는 바닥에서 블록들을 줍고 있네.
(중계하기)

3단계 문장 쓰기 연습

우리말과 같은 뜻이 되도록 문장을 써보세요.

01 _____

  네 방을 치울 시간이야!

02 _____

  블록들을 줍고 싶니 아니면 책들을 치우고 싶니?

03 _____

  너는 블록들을 줍고 싶구나.

04 _____

  너는 바닥에서 블록들을 줍고 있네.

엄마가 실수로 전원 코드를 콘센트에 연결하지 않은 채 청소기 전원 버튼을 눌렀다. 실수를 바로잡으며 다양한 표현을 제공해 보자.

1단계

엄마: Floor.	엄마: 바닥. (혼잣말하기)
Vacuum.	진공청소기로 청소해.
Uh oh! Not working.	이런! 안되네. (실수하기)
Broken?	고장 났나?
아이: …	아이: (플러그를 꽂지 않았다고 알려주는 아이)
엄마: Oops! Silly me!	엄마: 아이고! 나 왜 이러지!
Plug not in.	플러그가 꽂혀 있지 않네.
Plug in.	플러그를 꽂아야지.
아이: …	아이: (아이의 다양한 반응)
엄마: Now working.	엄마: 이제 된다.
You try?	네가 해볼래? (아이에게 청소기를 건네주는 엄마)
아이: …	아이: (청소기로 바닥을 청소하는 아이)
엄마: Floor.	엄마: 바닥. (바닥을 명명하기)
Vacuum.	청소기로 청소해. (중계하기)
Wow! So strong!	와우! 정말 힘이 세다! (칭찬하기)

2단계

엄마: I vacuum the floor.
Uh oh! It is not working.
Is it broken?

아이: …

엄마: Oops! Silly me!
Plug is not in.
I plug it in.

아이: …

엄마: Now it is working.
Do you want to try?

아이: …

엄마: You vacuum the floor.
Wow! You are so strong!

엄마: 나는 청소기로 바닥을 청소해. (혼잣말하기)
이런! 청소기가 작동하지 않아. (실수하기)
고장 났나?

아이: (플러그를 꽂지 않았다고 알려주는 아이)

엄마: 아이고! 나 왜 이러지!
플러그가 꽂혀 있지 않네.
내가 플러그를 꽂아.

아이: (아이의 다양한 반응)

엄마: 이제 된다.
네가 한번 해볼래? (아이에게 청소기를 건네주는 엄마)

아이: (청소기로 바닥을 청소하는 아이)

엄마: 너는 청소기로 바닥을 청소해. (중계하기)
와우! 너 정말 힘이 세다! (칭찬하기)

3단계

엄마: I am going to vacuum the floor.
Uh oh! It is not working.
It must be broken.

아이: …

엄마: Oops! Silly me!
I didn't plug in the vacuum.
I will plug it in right now.

아이: …

엄마: Now it is working.
Would you like to give it a try?

아이: …

엄마: You are vacuuming the floor.
Wow!
Look how strong you are!

엄마: 청소기로 바닥을 청소해야지. (혼잣말하기)
이런! 청소기가 작동하지 않아. (실수하기)
고장 났나 봐.

아이: (플러그를 꽂지 않았다고 알려주는 아이)

엄마: 아이고! 나 왜 이러지!
내가 청소기 플러그를 꽂지 않았네.
지금 당장 플러그를 꽂을래.

아이: (아이의 다양한 반응)

엄마: 이제 된다.
네가 한번 해 보고 싶니?

아이: (청소기로 바닥을 청소하는 아이)

엄마: 청소기로 바닥을 청소하고 있네. (중계하기)
와우!
힘이 센 것 좀 봐! (칭찬하기)

3단계 문장 쓰기 연습

우리말과 같은 뜻이 되도록 문장을 써보세요.

01 _____

청소기로 바닥을 청소해야지.

02 _____

청소기가 작동하지 않아. 고장 났나 봐.

03 _____

내가 청소기 플러그를 꽂지 않았네.

04 _____

지금 당장 플러그를 꽂을래.

05 _____

네가 한번 해볼래?

06 _____

힘이 센 것 좀 봐!

바보흉내

책을 냉장고 안에 넣어보자. 아이와 함께 주어진 엉뚱한 문제를 해결하며 다양한 표현을 제공해 보자.

1단계

엄마: Book.	엄마: 책. (문 뒤에서 책을 찾은 엄마)
Behind door.	문 뒤에.
아이: …	아이: (아이의 다양한 반응)
엄마: Put in.	엄마: 안에 넣어.
In fridge?	냉장고 안에? (냉장고 안에 책을 넣기)
아이: …	아이: (아이의 다양한 반응)
엄마: No? What's wrong?	엄마: 아니야? 뭐가 잘못됐어?
아이: …	아이: (책장에 놓아야 한다고 표현하는 아이)
엄마: Ah ha! No books.	엄마: 아하! 책은 (넣으면) 안 돼.
In fridge.	냉장고 안에.
Where?	어디에? (아이에게 책을 건네주기)
아이: …	아이: (책을 책장에 꽂는 아이)
엄마: Ah ha! Books.	엄마: 아하! 책.
On bookshelf.	책장에. (책장 가리키기)
Thank you.	고마워.

2단계

엄마: Look! There is a book.
　　　Behind the door.
아이: …
엄마: I put this book in.
　　　In the fridge.
아이: No!
엄마: No? Is something wrong?
아이: …
엄마: Ah ha! Books don't go in.
　　　In the fridge.
　　　Where do they go?
아이: …
엄마: Ah ha! Books go on.
　　　On the bookshelf.
　　　Thank you.

엄마: 봐! 책이 있어.
　　　문 뒤에.
아이: (아이의 다양한 반응)
엄마: 나는 이 책을 안에 넣어.
　　　냉장고 안에. (냉장고 안에 책을 넣기)
아이: 아니예요!
엄마: 아니야? 뭐가 잘못됐어?
아이: (책장에 놓아야 한다고 표현하는 아이)
엄마: 아하! 책은 안에 들어가지 않아.
　　　냉장고 안에.
　　　어디에 놓는 거지? (아이에게 책을 건네주기)
아이: (책을 책장에 꽂는 아이)
엄마: 아하! 책은 놓는 거구나.
　　　책장에. (책장 가리키기)
　　　고마워.

3단계

엄마: Look!
　　　I found a book behind the door.
아이: …
엄마: I am going to put this book
　　　in the fridge.
아이: No!
엄마: No? Did I do something wrong?
아이: …
엄마: Books don't belong in the fridge.
　　　Where do they belong?
아이: Bookshelf.
엄마: Ah ha!
　　　Books belong on the bookshelf.
　　　Thank you for letting me know.

엄마: 봐!
　　　문 뒤에서 책을 찾았어.
아이: (아이의 다양한 반응)
엄마: 이 책을 냉장고 안에 넣어야지.
　　　(책을 냉장고 안에 넣는 엄마)
아이: 아니예요!
엄마: 아니야? 내가 뭐 잘못했니?
아이: (책장을 가리키는 아이)
엄마: 책은 냉장고에 있으면 안 되는구나.
　　　어디에 있어야 할까?
아이: 책장. (책장을 가리키는 아이)
엄마:아하!
　　　책은 책장에 있어야 하는구나.
　　　알려줘서 고마워.

3단계 문장 쓰기 연습

우리말과 같은 뜻이 되도록 문장을 써보세요.

01 _____

문 뒤에서 책을 찾았어.

02 _____

이 책을 냉장고 안에 넣어야지.

03 _____

내가 뭐 잘못했니?

04 _____

책은 냉장고에 있으면 안 되는구나.

05 _____

책은 책장에 있어야 하는구나.

06 _____

알려줘서 고마워.

상황조작

일부러 완성된 퍼즐을 쏟아버렸다. 아이에게 다시 퍼즐조각을 완성해 보자고 제안해 보자. 아이가 주목할 만한 상황을 연출하며 다양한 표현을 제공해 주자.

1단계

엄마: Oops!	엄마: 아이고! (상황조작)
Puzzle.	퍼즐. (일부러 넘어져서 퍼즐조각들을 쏟기)
Pieces everywhere.	사방에 조각들이 있어.
아이: …	아이: (다양한 아이의 반응)
엄마: Help.	엄마: 도와줘.
Pick up.	주워.
아이: …	아이: (퍼즐조각들을 함께 줍는 아이)
엄마: Do puzzle.	엄마: 퍼즐하자.
아이: …	아이: (아이의 다양한 반응)
엄마: One here. One there.	엄마: 여기 하나. 거기 하나. (함께 퍼즐 맞추기)
아이: …	아이: (아이의 다양한 반응)
엄마: All done!	엄마: 다했어!
High-five!	하이파이브!

2단계

엄마: Oops!

I dropped the puzzle.

The pieces are everywhere.

아이: …

엄마: Help me.

Pick up the pieces.

아이: …

엄마: Let's do the puzzle.

아이: …

엄마: This one goes here.

This one goes there.

아이: …

엄마: We are all done!

High-five!

엄마: 아이고! (상황조작)

내가 퍼즐을 떨어트렸네.

퍼즐조각들이 사방에 있어.

아이: (다양한 아이의 반응)

엄마: 도와줘.

퍼즐조각들을 주워.

아이: (퍼즐조각들을 함께 줍는 아이)

엄마: 퍼즐을 함께 맞춰 보자.

아이: (엄마와 퍼즐을 맞추는 아이)

엄마: 이것은 여기에 맞춰.

이것은 거기에 맞춰.

아이: (아이의 다양한 반응)

엄마: 우리 다했어!

하이파이브!

3단계

엄마: Oops!

I tripped and dropped the puzzle.

The pieces scattered everywhere.

아이: …

엄마: Please help me pick up all the pieces.

아이: …

엄마: Why don't we do the puzzle together?

아이: …

엄마: This one goes here and this one goes there.

아이: …

엄마: We finished the puzzle together.

Thanks for helping me.

Give me a high-five!

엄마: 아이고! (상황조작)

내가 발을 헛디뎌 퍼즐을 떨어트렸어.

퍼즐조각들이 사방에 흩어져 버렸네.

아이: (다양한 아이의 반응)

엄마: 퍼즐조각들을 줍는 것 좀 도와줘.

아이: (퍼즐조각들을 모두 모아온 아이)

엄마: 함께 퍼즐을 맞춰 보는 게 어때?

아이: (엄마와 함께 퍼즐을 맞추는 아이)

엄마: 이것은 여기에 맞추면 되고 이것은 저기에 맞추면 되네.

아이: (아이의 다양한 반응)

엄마: 우리가 함께 퍼즐을 다 맞췄어.

도와줘서 고마워.

하이파이브하자!

3단계 문장 쓰기 연습

우리말과 같은 뜻이 되도록 문장을 써보세요.

01 _____

내가 발을 헛디뎌 퍼즐을 떨어트렸어.

02 _____

퍼즐조각들이 사방에 흩어져 버렸네.

03 _____

퍼즐조각들을 줍는 것 좀 도와줘.

04 _____

함께 퍼즐을 맞춰 보는 게 어때?

05 _____

이것은 여기에 맞추면 되고 이것은 저기에 맞추면 되네.

06 _____

우리가 함께 퍼즐을 다 맞췄어.

3단계 문장 쓰기 연습 정답

01 세수하기

p136
01 There is soap on the soap dish.
02 There is water in the sink.
03 There is a washcloth on the shelf.
04 There is a towel on the towel bar.
05 There is a mirror on the wall.
06 There is lotion on my face.

p139
01 The soap is slippery and wet.
02 The water is warm and clear.
03 The washcloth is small and dry.
04 The towel is clean and soft.
05 The mirror is shiny and rectangular.
06 The lotion is creamy and thick.

p142
01 The towel on the bar is clean.
02 The towel on the floor is dirty.
03 The washcloth is smaller than the towel.
04 The towel is bigger than the washcloth.
05 You are scrubbing your face with the washcloth.
06 I am patting my face with the towel.

p145
01 My face is sticky and dirty.
02 I need soap to wash my face.
03 My face is wet and dripping water.
04 I want a towel to dry my face.
05 I am scared that the soap will get in my eyes.
06 The soap might hurt my eyes.

p148
01 We use soap to wash our face.
02 We use a towel to dry our face.
03 We scrub our face with a washcloth.
04 We hang up the towel on the bar.
05 We have to wash behind our ears, too.
06 We have to rinse our face several times.

02 이닦기

03 아침식사

p222 01 The cereal in the box is crunchy.
02 The cereal in the bowl is soggy.
03 The milk on the counter is spoiled.
04 I placed my spoon on the table.
05 You are pouring the milk into the bowl.
06 I am stirring the milk in the bowl.

p225 01 I don't know where my spoon is.
02 I need a spoon to eat my cereal.
03 It is so yummy. I can't put my spoon down.
04 Cereal is my favorite breakfast in the whole world.
05 I want to eat another bowl.
06 I made breakfast on my own.

p228 01 We use a spoon when we eat.
02 We use a knife when we chop food.
03 We put the cap back on the milk.
04 We peel the banana with our fingers.
05 We have to fold over the bag to keep the cereal fresh.
06 We have to put the milk back in the fridge to keep it fresh.

p231 01 Get your cereal from the shelf, please.
02 Take out your spoon from the drawer, please.
03 Bring the banana from the counter, please.
04 Put back the milk in the fridge, please.
05 Put the empty bowl in the sink, please.
06 Wipe up the spill with a napkin, please.

p234 01 I am going to eat cereal for breakfast.
02 I chose my favorite box of cereal.
03 I sat down at the table to eat breakfast.
04 I spilled some milk. I am going to wipe it up.
05 The cereal is getting soggy. I'd better eat quickly.
06 All done. I am going to wash the dishes now.

p237 01 You have everything you need.
      02 You are pouring the cereal into the bowl.
      03 You are adding milk to the bowl.
      04 When you poured the milk, the cereal floated.
      05 You added banana slices on the cereal.
      06 You are stirring the cereal with your spoon.

p240 01 I wonder where the milk is.
      02 The milk is in the fridge.
      03 Could you get the milk from the fridge?
      04 The milk is cold because it was in the fridge.

p243 01 I took out two kinds of cereal.
      02 Which one do you want to eat?
      03 Do you want the berry one or the nutty one?
      04 You want to eat the berry cereal.

p246 01 It is time for breakfast.
      02 Here is a banana for you.
      03 I put the banana peel on the plate by mistake.
      04 I hope you enjoy it.
      05 You are eating the banana with a fork.

p249 01 Bring me the bowl from over there, please.
      02 The cereal got all over the table.
      03 The bowl was upside down.
      04 You turned it over for me.
      05 Could you pour the cereal into the bowl?
      06 You are pouring the cereal into the bowl.

p252 01 The cereal is on the top shelf.
      02 It is too high for me.
      03 I can't reach it.
      04 I am going to lift you up.
      05 You can grab it for me.
      06 You were like a real rocket.

04 옷입기

p305 01 I am sad because the car broke into pieces.
02 I need tape so that I can fix it.
03 I am not happy when the room is messy.
04 Please help me clean up the room.
05 I am happy when the house is clean.
06 Thank you for helping me clean up.

p308 01 We use our crayons to draw pictures.
02 We use our blocks to build towers.
03 First, we clean up our room, and then we can have snacks.
04 First, we put these toys away, and then we can take out new ones.
05 We have to pick up the toys, or we will trip over them.
06 We have to tidy up our house every day.

p311 01 Put away your toys in the bin, please.
02 Push the bin under the bed, please.
03 Pick up the soccer ball on the floor, please.
04 Take out a trash bag from the drawer, please.
05 Bring the yellow block behind you, please.
06 Take off the small sticker on the windowsill, please.

p314 01 I found a puzzle piece in between the cushions.
02 I am going to vacuum the crumbs off the floor.
03 I am checking for more toys under the bed.
04 I am scrubbing the crayon marks on the wall.
05 I put the fork in the sink.
06 I mopped the sticky floor

p317 01 You put away the play dough in the bin.
02 You are spraying water on the window.
03 You lined up the toys on the shelf.
04 You fixed the pillows on the bed.
05 You are sweeping the floor with a broom.
06 You are putting puzzle pieces in the box.

p320 01 I found a spoon under the bed.
02 Will you bring it to me?
03 Where should we put this spoon?
04 We should put this spoon in the sink.